自立と連帯を求めて

− ある経済学徒の歩み −

山崎 広明

悠光堂

目次

I

幼少年時代

私は、一九三四年一月三日に山崎熊人とキミの長男として、福岡市上呉服町で生まれた。父は、当時自動車の内装材料をタクシー会社やバス会社に販売する商店（二葉屋商店）を営んでいたが、新興産業である自動車産業に関連した商売で、競争相手も少なかったため、商売は繁盛していたようである。帝国興信所の「帝国興信録」の第三四版（昭和一六年四月刊）によると、福岡市の自動車材料商として山崎熊人の名前が出ていて、開業年昭和八年、対物信用七―一〇万円と記されていた。対物信用七―一〇万円が、どの程度の資産を意味するのか、その相対的位置を知るために、当時の博多の代表的デパートであった岩田屋と玉屋の経営者のデータもあるので、それぞれの人物の対物信用を調べてみると、玉屋の専務取締役田中丸善八氏が一〇〇―一五〇万円、常務取締役田中丸善次郎氏が七〇―一〇〇万円、岩田屋の専務取締役中牟田喜兵衛氏が一五〇―二〇〇万円であった。さすがに、博多で指折りの資産家であった田中丸、中牟田家の人びとと比べると、その額は一〇分の一以下であったが、それにしても、昭和八年開業で、それから七年くらいしか経っていない時点で、これらの人たちの一〇分の一近くの資産を手にしていたというのは、かなりの成功であったというべきだろう。

ことのついでに、これらトップクラスの資産家ではなく、いわば庶民レベルの資産家とみられる人たちの対物信用額がどの程度であったかを調べてみると、有力商人が集まっていた蔵本町の薬種商・医療器械商の波多江喜兵衛氏（文政年間開業）が一〇―一五万円、博多の株式取引所理事長の大塚三郎氏が五―七万円、株式取引員の吉次鹿蔵氏が五―七万円であることがわかった。山崎熊人の七―一〇万円というのは、これらの人たちとほぼ肩を並べる水準であったことは確かである。江戸時代からの薬問屋や地元の有力証券業者とほぼ同じレベルの資産を開業後わずか七年にして築いたのだから、新興産業である自動車関連の事業にいち早く進出して、成功しつつあった新興の青年実業家の一人であったとみることができよう。

時代は少し後になるが、敗戦後、一九四六、七年頃、父の指示で、六本松にあった九州大学の教養部裏門前の畑の農作業に行ったことがあったが、広い土地とそこの一部に立っていた住宅が父の所有であるということを聞かされた記憶があるから、戦前から戦時中までかなり裕福な家庭で育ったといえる。

小学校は地元の奈良屋小学校に入り、そこに四年生までいた。土地柄から、商人の子弟が多かった。五年生の時に、当時は郊外であった鳥飼に引っ越して、学校も草ヶ江小学校に変わった。同級生に大学教授や職業軍人の子弟がおり、生徒の学力レベルはかなり高かった。また、転校生を差別しない友人たちの優しさが今でも鮮やかに記憶に残っている。

空襲が激しくなってきたため、六年生の一学期（一九四五年四月）に佐賀市内にあり、空き家になっていた伯父（父の兄）の家に引っ越し、学校も佐賀師範の付属小学校に変わった。わずか一学期だけの在学だったが、通信簿の「身体ノ状況及其ノ所見」という欄に「小柄ナレドモ体力旺盛ニテ節度アルヲ喜ブ」と書かれているのを見て、父が大変喜んでいた記憶がある。しかし、太平洋戦争で日本の敗色が濃厚となってきた状況の中で、一九四五年八月に入り、広島・長崎に新型爆弾（原爆）が投下され、連合軍の本土進攻が迫ってきたため、米軍の空襲も受けず、比較的のんびりしていた佐賀市内でのわが家の生活にも大きな変化が生じた。たしか長崎に原爆が投下された後だと思うが、婦女子は速やかに田舎に疎開せよとの「お上」の指示に従って、私たち家族（母と子供三人）は、父方の親戚の農家を頼って、佐賀県藤津郡久間村（長崎線の鹿島と佐世保線の武雄の中間の農村）に避難した。天皇陛下の終戦の詔勅が放送された八月一五日には、転校の手続きが済んでおらず家にいたが、疎開先の農家にはラジオがなかったので、私が敗戦を知ったのは、同じ家に私たちより先に疎開して久間村の小学校に既に通っていた、いとこの隆介君が学校の先生から聞いてきた情報を私たちに教えてくれたことによってであった。

戦時中に父の事業がどのように推移したか定かではないが、日本の軍隊が「連戦連勝」していた（と伝えられていた）太平洋戦争の初めまでは、戦時統制によって自動車の内装材料の商売は厳しくなったものの、軍工廠相手の取引もあって、それなりにお金を稼ぐことはできていたようである。しかし、青年がほとんど全員兵隊にとられる状況の中で、店の中核になっていた店員を失い、激変する事業環境もあって、前途の見通しは立たず悪戦苦闘していたのではなかろうか。

久間村の小学校に通ったのは二か月あまりで、一九四五年の秋には、私たち一家は福岡市警固に父が用意していた家に住居を移した。学校区からいうと、この地域は警固小学校の区域だったが、私たち兄弟は以前に通っていた草ヶ江小学校に越境通学し、私は翌一九四六年三月に同小学校を卒業して、四月には旧黒田藩藩校の流れをくむ中学修猷館に入学した。

Ⅱ

中学・高校時代――修猷館の六年間

入学当時はいまだ戦前以来の学制が続いていたため、私たちは旧制の中学校に入学し、上に二年生から五年生まで四学年の上級生がおり、私たちが二年生になった一九四七年四月から六・三・三・四制という新しい学制が施行されたため、中学修猷館は修猷館高校となり、中学二年生の私たちと一年上の中学三年生は修猷館高校併置中学校の生徒となり、私たちは結局中学三年と高校三年の合計六年間修猷館に在学し、うち四年間を最下級生として過ごすことになった。また、高校一年生の時には、これも学制改革で、私たちの学年から男女共学が実施され、修猷館に歴史上初めて女子学生が入ってきた。

六年間の在学中、中学二年生までは、成績表に毎学期同学年の生徒の中での席次が記載され、中学一年生の時には、各クラスの級長が一番後ろの席の隅に座り、一番後ろのその他の席には、全体で五〇番以内くらいの位置にいた成績優秀者が座っていたような記憶がある。ところが、中学三年生になると席次はクラス別だけになり、高校に進むと、席次は発表されなくなり、科目別に優良可不可の四段階の評価のみが記されるようになった。このように、学校の教育方針が、席次を発表することによって生徒間の競争をあおるものから、勉強はできるだけ生徒の自主性に任せる方向に変化していった。このような環境の中で六年間を過ごし、高校入試もなかったから、最後の一年は別として、修猷館における中学・高校の生活は自由でゆったりとしていた。この時代、修猷館はスポーツが盛んで、特に野球部とラグビー部は全国レベルでも相当の水準にあった。私たちはその応援に熱をあげ、校内のクラスマッチャや体育の授業に参加して、素人なりにそれぞれのプレーを楽しんだ。野球では、のちにプロ野球西鉄ライオンズの内野手として活躍した河野選手（高校時代はピッチャーだった）を擁して、甲子園で二連覇した福島投手を中心とした小倉高校（中学）に甲子園への道を遮られながらも、有力校としての存在感を示し、ラグビー部は、国民体育大会で全国制覇を遂げた。私は、このようなハイ・レベルの部に入るほどの能力はなかったが、クラスマッチの選手に選ばれる程度の運動能力はあったので、野球やラグビーの試合や練習に熱心に参加した。そのおかげで、修猷館六年間のうち五年間は学校を休んだことがないほど身体が丈夫になった。それだけでなく、スポーツ、特にラグビーは、身体をぶつけ合うことが多く、それを通じて身体的接触を恐れない心がはぐくまれ、相手の陣形を見ながら走るコースを瞬時に判断したり、タックルに入る最適のタイミングを判断したりすることを通じて、瞬発力が鍛えられたように思う。

このように、修猷館の六年間のうち四年半ぐらいは、自由で伸び伸びと過ごしていたが、高校二年生の夏休み明け頃から、さすがに大学へ入るための受験勉強を意識せざるを得なくなってきた。二年生の二学期に三年生対象の模擬試験に二年生も参加できることになり、高校三年生になるとすぐに志望大学の調査が行われ、友人の一人がふざけてお茶の水女子大学と書いた書類を提出して、父兄が呼び出されて注意されるというひとこまもあった。

大学選びといえば、中学一年生から高校二年生まで五年間同じクラスで、中学一年生の時から東京大学医学部を目指していた福田純也君が身近におり、いとこ（父の兄の長男）の山﨑英顕さんが東京大学法学部を出て自治省に勤めていて、父が自分の長男の私にも同じようなコースを歩ませたいと思っていたようなので、私自身も何となくできれば東京大学を受験しようかと考えていた。高校三年生になり、受験勉強が本格化し始めた最初の模擬試験で私は「図らずも」修猷館入学以来予想もしなかった一番になり、半信半疑ながらも東京大学入試に挑戦しようと思うようになった。そして、親しかった福田君が四月から日比谷高校に転校して、東京から同校で手に入れた東京大学入試に関する情報を教えてくれたので、それを頼りに受験準備を進めた。当時の私たちの感覚では、九州大学と東京大学では、数学と英語の入試問題の傾向にかなりの違いがあったので、対策を講ずる上で彼からの情報は極めて貴重だった。

私は一九五二年三月に修猷館高校を卒業し、この卒業式で、成績優秀であり、生徒会活動にも貢献したということで表彰された。成績では、高校三年生になってから、年六回の模擬試験が行われ、そこで毎回学年全体での席次が記録されていたから、これが参考にされたのだろう。

一方、生徒会活動についていえば、教育局副局長としての活動が評価されているが、教育局が何をしたのか必ずしも定かではなく、これは生徒会執行部の一員であったことを評価してのものであろう。当時の生徒会執行部は、暴力反対と受験予備校化反対のキャンペーンを精力的に展開していた。このうち暴力反対というのは、上級生の下級生に対する暴力や同級生間の争いにおける暴力を学校からなくそうとする運動だったが、これは、私たちが修猷館に入学した時に、上級生から受けた暴力的威圧に対する反発に由来していた。修猷館には、伝統的に入学時に上級生が新入生に館歌や応援歌を教える儀式が行われていたが、その場がともすれば上級生が新入生に対して暴力をふるう場所となる傾向があり、事実、終戦直後に入学した私たちの場合には、「声が小さい」「気合いが入っていない」という口実で、新入生が一列に並ばされて頬を張られたことがあった。これに象徴されるような暴力的雰囲気や実際の暴力の行使に対して、しばらく経ってから、暴力反対の運動が起こり、これが先生たちの組織である職員会議を動かして、暴力反対が学校の新しいルールとなったが、運動部における上級生と下級生の関係や同級生間の争いから暴力を完全に排除することは容易ではなく、生徒会執行部としては暴力反対のキャンペーンを辛抱強く続けることが必要だったのである。

また予備校化反対というのは、前に述べたように、学校の教育方針が、大きな流れとしては、生徒の競争心を刺激して勉強に駆り立てようとするものから、勉強は生徒の自主性に委ねようとするものへ変化しながらも、戦後の国民生活が安定してくるに伴って、有名大学への進学実績を競う学校間の競争が激化し、高校生活がともすれば受験予備校に近いものになりがちな風潮に抗して、高校生活それ自体を意味のあるものとして自分たちで作り上げるべきではないかという思いから打ち出されたスローガンであった。具体的活動としては、受験勉強に集中させるために、文化祭を年一回にしようとする先生たちに対して、春秋二回の開催を主張してそれを実現し、模擬試験の個人別の成績を氏名入りで公表したいという職員会議の意向に反対し、生徒会の了解なしに張り出された席次順の氏名入りの成績の掲示の氏名の上に紙を貼ったりした。この件では、生徒会長と教育局長・副局長等が学年主任の先生に呼び出されて注意されたが、処分は口頭の注意だけにとどまり、その後氏名入りの掲示は行われなかった。

修猷館における六年間の生活を振り返ると、スポーツを通じて身体が丈夫になるとともに、瞬発力や決断力が鍛えられたように思う。それとともに、文化祭や運動会、生徒会活動を通して、仲間との連帯を大切にする心や社会を批判的に見る精神が培われ、これが、大学に進学して以降の私の活動を支える基盤となった。

Ⅲ　大学生活――駒場

一九五二年四月に私の大学生活が駒場で始まった。当時の東京大学では、最初の二年間を駒場で過ごしたが、文科が一類と二類、理科が一類と二類に分かれており、私は法学部と経済学部に進学できる文科一類を選び、第二外国語としてドイツ語を選択したので、文一二Bというクラスに所属することになった。当時の大学では、学生運動が盛んで、入学早々、破壊活動防止法（以下、破防法）反対のスローガンを掲げてストライキを提案していた自治会執行部の方針をめぐって、クラス討論が行われ、私たちは、大学の授業にいかに向き合うかを考える前に、日本の政治や学生自治会のあり方について自分の考えを固める必要に迫られた。私は、高校時代からどちらかといえば体制順応的な生き方に批判的な感覚を持っていたので、スト決議に賛成し、破防法反対のデモにも積極的に参加した。

駒場における二年間の生活で私にとって最も大きな問題は、進学先として法学部と経済学部のどちらを選ぶかということであった。学問分野としてとりあえず法律、政治、経済の三つが考えられたが、法律の解釈を行う法律学には馴染めず、政治学か経済学が選択肢として残っていた。そういう状況の中で、二年になってからだったと思うが、小林直樹助教授の「立法過程の研究」をテーマとするゼミに参加して農地立法を調べることになり、先生に紹介されて農政調査会の上原信博氏や東大社会科学研究所の渡辺洋三氏を訪問したところ、農地改革を調べるのならまず平野義太郎氏の『日本資本主義社会の機構』と山田盛太郎氏の『日本資本主義分析』を読むべきだとすすめられ、戦前の日本資本主義の性格の規定にかかわる資

夏休は労働者の中へ
都下五千の学生が蹶起大会

反破防法に労学提携

定員数こえる盛会
法、文、経、理、教養がスト　法は流会　工医は否決

各学部学生大会

声明

破防法反対声明

破壊活動防止法反対のデモを報じる（東京大学学生新聞　一九五二年六月一九日）

本主義論争に関する文献を調べ始めた。その過程で、たまたま井の頭線の東大前駅のそばの本屋で帯に毎日出版文化賞受賞と書かれた大内力氏の『日本資本主義の農業問題』という新書を見つけ、それを読んだところ、論点の整理の手際のよさと論旨の展開の明晰さに圧倒された。そして、大内氏が東大社会科学研究所の助教授で経済学部の演習も担当されていることを知って、経済学部への進学を決意した。

ところが、私の経済学部への進学は私と父親との関係に大きな亀裂を生じさせた。私の父親は中小企業を経営していたが、地元の銀行関係者や同業者仲間との付き合いを通じて、東大なら法学部という固定観念をすりこまれ、加えて自分の兄の長男が東大法学部を出て自治省のキャリアとして「出世」しているのを見て、私も当然法学部に進むだろうと思い込んでいたからである。父親に経済学部進学を考えていると手紙で知らせたところ、早速法学部に行けという返事があり、それに福岡の夕刊紙「夕刊福日」の社長の手紙が添付されていた。それには「東大法学部は俊秀の集うところ、これに対して経済学部は赤の巣窟だから、文一にいて法学部に進まないという選択は考えられない」という趣旨のことが記されていた。私はこれに猛反発し、父に抵抗しながら、家族との関係をどうしたらいいかについて、ゼミでの指導を受けていた小林先生と、クラス担任だった滝崎先生（ドイツ語の先生）の助言を仰いだところ、お二方ともに「お父さんに手紙を書きましょう」と言ってくださった。二人の先生からの手紙を読んで、父親は「東大の教授は子供が父親に反抗するのを助けるのか」と激怒したそう（母親の話）だが、本人の意思が固い以上、学資の送金を止めることくらいしか打つ手はなく、志望提出期限が経過して私の経済学部進学は決定した。送金停止は私にとっても痛手だったが、この頃には月二，〇〇〇円の奨学金をもらっており、家庭教師で月三，〇〇〇円くらい稼げば何とかなるので、寮とクラスが一緒だった友人に家庭教師の口を紹介してもらって苦境を脱することができた。

この時の二人の先生のご厚意はありがたかったが、会話の中で小林先生が「君の経済学にかける思いはよく分かるけれども、実は君のような人に法学部に進んでもらいたいんだよ」と言われたことばが今でも印象に残っている。そして、これは後日譚になるが、総合雑誌『世界』の一九五四年六月号の「座談会　どこに道を拓くか―今日の学生と学生生活」という座談会に小林先生が出席されていて、「戦前の天皇制的価値秩序がなお體にしみこんでいる父母の意向に従ってコースを選んだけれども、自分の欲求とのギャップに悩んでいるという学生は少くないようです。中には、ぜひとも法学部にという父の希望を振り捨てて、自分はあえて別のコースへ進む、それが本当の自分の任務だとはっきり言って、コース転換して行った学生もあります。」と発言されている。また滝崎先生からは、大学を卒業して就職すれば経済的にも親から自立できるのだから、ご両親には少し余裕を以て接するようにした方がいいよ、という趣旨の「おとなのちえ」を教えられた。いずれにしても、二人の先生の学生に対する親身の対応が、大学院を出てからの私の教員としての原点となったことは間違いない。

Ⅳ

大学生活――本郷（経済学部）

私は、一九五四年四月に経済学部に進学し、本郷で新しいスタートを切った。予定通りゼミは大内力先生のゼミを選んだが、その最初の授業での先生の発言が今でもはっきりと記憶に残っている。そこで先生は、「ゼミでは何を言ってもいいが、ゼミでの会話は外に漏らさないように注意してほしい。学問をするということは、結局自分を鍛え、自己の主体性を確立することである」という趣旨のことを述べられた。身の引き締まる思いで先生のことばを聞いたものである。

ゼミは、農業問題に関する基本文献の講読から始まったが、まず報告者が分担部分について内容を要約して紹介し、最後にその問題点を指摘するなり、それについてコメントすることが求められた。そして、報告者の報告を聞いた上で、ゼミ生が議論を交わし、先生が総括的なコメントをされるのだが、それを通じて、われわれは当時マルクス経済学の世界で影響を増しつつあった宇野弘蔵先生のいわゆる三段階論の基本を教えられた。ゼミは長時間に及び、三時から始まったゼミが終わるのはいつも日が暮れて七時過ぎであったように思う。報告の順番が回ってくると、この最後の問題点を見つけるのに苦労したものである。先生が最初にいわれた主体性の確立は、このような過程を経たものであることを痛感させられた。最初のゼミの報告者は一年上の林健久氏で、彼が報告の最後に「著者には段階論がない」という問題を指摘したところ、早速、林氏と同級で学生運動家として既に著名であった野矢テツオ氏が「それはどういう意味か、説明して欲しい」と質問し、これに対して林氏が「消耗だな」とつぶやきながら何とか自説を展開していたのが昨日のことのように思い出される。ゼミとは厳しいものだと改めて痛感させられたひとこまであった。

経済学部に進学してからのもうひとつのできごとは、私が周囲の友人たちに推されて経済学部学生自治会（経友会）の委員長に就任したことである。経済学部自治会といえば、東大全体の学生自治会の中核を形成する自治会で、代々当時の学生運動を主導してきた日本共産党の党員が委員長になっていたのだが、のちにいわゆる六全協（第六回全国協議会）で自己批判する日本共産党の無謀な暴力革命路線がこの頃には行き詰ってきていて、委員長を出す力がなくなってきていたために、党外に委員長候補者を求めざるを得なくなり、そのあげくに私の所にそのお鉢が回ってきたのである。私は「その任に非ず」と固辞したのだが、ゼミに何人かいた共産党員の友人や先輩に口説かれて、運動をつぶしてはならないという使命感からそれを引き受けた。ところが、委員長を引き受けて初めて分かったことだったが、当時の経済学部学生自治会の最も重要な仕事は、経済学部自治会室に間借りしていた全学連（全日本学生自治会総連合）中央執行委員会の居場所を守ることであった。この経緯を簡単に言うと、全学連中央執行委員会の事務局がかつては東大学生自治会中央委員会の部屋にあったのだが、この中央委員会が大学によって非公認とされ、警察の手入れ等もあって、ある時期に経済学部学生自治会の部屋に逃げ込んでいた。これを公にすれば大学当局によって立ち退きを迫られるので、当時の自治会執行部は経済学部教授会に対して、「全学連中央執行委員

学生強く反対

経済ゼミ廃止 〝学部の建前から〟

【既報】経済学部では、二十二日までにゼミナールの申込みをしめきるが、今年度開講されるゼミナールから、昨年まで開講されていた大内、宇高、高橋（幸）、加藤四助教授のゼミがなくなるため、経済学部で問題となっている。

経済学部では、戦後学生の増加と教授陣の不足を補ってゼミの数を維持するため、社研教授に開講を依頼してきたが、今年度からは学生数の減少や教授陣の充実がみられたので、ゼミは学部教授によるという建前から、社研教授のゼミは廃止することを教授会で決定した。これは従来から懸案となっていたものだが、学部の状態が一応安定した今年度から実施することが適当と認められたものである。

一方、学生側が今年初め、駒場でゼミ希望の調査を行ったところによれば、新進学者中、二九名（進学二三〇名中調査人員一二六名）が社研四教授のゼミを希望していた。そのため、これだけ多くの希望者のいるゼミを廃止するのは、できるだけ好む勉強をしたい、という学生の希望を無視するものである、として経友会を中心に反対運動を進めることとなり、学部長に会って廃止の決定をとりやめるよう要望する、そのために署名運動を行う、などの方針が決定した。

なお、今年一年は四年生だけで四つのゼミは続けられることになっているが、社研四教授は、経済学部の決定には賛成しかねる旨の態度を学生側に表明している。

柳井経済学部長の話　学部としてはゼミは学部教授の手でひらくことを建前としている。現在は戦後にくらべて学生数はかなり減少したし、教授数もふえたので、一ゼミ二十人ぐらいまでとれば、それほど大きな障害を起すことはないと考えられるので、今年度から建前に戻ることにした。学部は学生諸君の利益も当然慎重に考えて決定したのだから既定の方針を実行する。教授会が決定する前に学生の意向を聞かないのは非民主的だという批難があるようだが、それは学部の自治を貫くものとして当然である。また私と会見したいという希望があるようだが私はすでに二回自治会代表者に説明しているし、さらに会う必要はないと思う

山崎経友会自治委員長の話　学部長は入部式の挨拶で「学問に沈潜せよ」と話されたが、希望する勉強をやってゆく条件をつくってくれないのではないか。多数の人がゼミの継続を希望していることを考えてみると、たんに学部の建前だから、とか、教授陣が充実したからとかの形式的な理由で、実質的な学生の希望が踏みにじられることになり、不当な措置である。経済の学生は一致して継続を要求している。このことに関連して、廃止されようとしているゼミが、今まで自治会がゼミを明るくしようとしてとり組んできて成果をあげていたところであり、この点不明朗なものを感じる。

経済学部における社研ゼミ廃止（東京大学学生新聞　一九五五年四月一八日）

会の事務局は経済学部学生自治会室内にはない。しかし、経済学部学生自治会が全学連の荷物を預かっているので、全学連中央執行委員会のメンバーが経済学部自治会室を訪れることがある。」と説明していた。そのため、経済学部教授会と経済学部学生自治会との間で、「部

屋を見せろ」、「見せない」という押し問答が繰り返されていたのである。この事実を知って、私は、最終的には、委員長の「お目付け役（助言者）」となっていた共産党員のＭ氏に「道義的にいって教授会にうそをつき続けることはできない。当面は、今までの線で頑張るが、将来的には全学連中央執行委員会の事務局は学外に出る方向で考えて欲しい」旨要請した。結局はこの方向で、私の後の委員長の時に問題は解決されたが、全学連中央執行委員会の居場所を守ったこと以外にはほとんど意味のない委員長生活だった。

学生自治会の委員長に推されたのは、それまでに私が何らかのかたちでいわゆる学生運動に関係していたことによるので、ここで学生運動とのかかわりについてまとめて振り返っておこう。私たちの世代は、小学生時代には徹底した軍国主義教育を受けたが、中学に進んでからは一転してアメリカの占領下に西欧型の民主主義・憲法九条を中心とした平和主義教育を受けた。そしてこの平和主義は、戦争末期の繰り返される空襲のもとでの恐怖の体験と結びついて、私の心に深くしみこんでいた。したがって、現実の政治の場では、戦前の天皇制絶対主義といわれた圧政のもとで反戦、反天皇制を主張していた無産政党の流れをくむ共産党や左派社会党の反戦・平和、弱者の立場に立つ政策に共感していた。このような感覚から、何人かの高校時代からの友人のように共産党に入って活動するほどアクティブではなかったが、大学に入って以来、ともかくも反戦・平和、弱者の味方という立場で、勉学以外の活動の場を見出す道を模索した。

最初に参加したのは、三軒茶屋にあった引き揚げ者住宅を訪れて、高校生以下の生徒たちの勉強を助ける運動だったが、無料の家庭教師を務めるだけの運動の意義が疑問になってきて、あまり長続きはしなかった。次に二年になってからだったと思うが、住んでいた三鷹寮の寮生大会の議長に選ばれ、年に何回か開かれる大会の司会役を務めるとともに、寮委員会に頼まれて東京都学生寮連合会という組織の中央執行委員になり、三多摩にある学生寮を回って都寮連への参加を呼びかけるオルグの役割を果たしたこともある。

確か駒場で二年になった時だったと思うが、一人の東京大学生が学生新聞に投稿した中国革命の時における「下放運動」にならって、日本でも大学生がふるさとに帰って反戦・平和を訴えようという呼びかけを契機として始まった「帰郷運動」に私も積極的に参加した。最初の年は、東京大学に一緒に入った友人と協力して、福岡で「進歩的」文化人の講演会を企画し、東京から岡倉古志郎、三枝博音氏を招くべく福岡で労働組合の事務所を訪ねてカンパを頼んだり、講演会の聴衆を集めるのに奔走した。講演会は一応成功したが、講師の話が共産党寄りだったために、後で、主として金を出してくれた総評事務局の人に怒られたりした。そこで次の年からは、九州大学など地元の大学に進学した数人の友人たちと協力して、福岡に反戦・平和を目指す若者を集めたサークルを作ることに力を注ぎ、毛沢東の「矛盾論」「実践論」を読む読書会、ロシア民謡を歌い、フォークダンスを踊る歌と踊りの会を組織した。この運動はかなり成功し、このサークルはその後数年間、東京組の私たちが離れてからも活

帰郷運動の成果（東京大学学生新聞　一九五五年二月二一・二六日）

故郷の山に応えて

平和憲法擁護遊説

二七年三月は教養学部の歴史に特筆されてよい「帰郷運動」が組織的におこなわれたときだ。これは久しく沈黙していた駒場にふたたび活気を与えた。

〝平和憲法を守ろう！〟という教養学部アッピールは学生の深い共感をよんだ。それをさらに決定づけ行動にまで向わせたのは、竹山茂之君の「民衆を啓もうすることが第一だ」とする松本自治委員長あての四千五百字にのぼる長文の手紙だった。早速この手紙が掲示され全学あげての帰郷運動はこうしてはじまった。

平和憲法擁護遊説が学生の手で全国的にひろがり、多くの教授、文化人の協力を得て四十ケ所で、すばらしい成果をあげた。教養学部からは北、市原教授ら十三名が各地の遊説に参加した。破防法の時は教師・学生は別々に行動したが、今回はまったく一体となって活動し、このような点からも教養学部始まって以来のことだった。教授も学生もこのなかから数多くのものを学んだ。しかし〝故郷の山に応えて〟といった自慰感がないでもなかった。

この経験をもとにして夏休みは、「生活と関連させて、軍事基地反対を訴えてゆく」方向が確認された

浅間基地反対　地震研を守れ

二八年入学者には、所謂「六三制」の学生が約半数いたが、彼らは新しい大学の空気に圧倒された。日刊新聞といってよいほど連日、自治会その他からビラがくばられた帰郷運動の成果を学内に定着させる努力が各サークルで行われていた。昨年来、メーデー事件などの犠牲者の援助のために活動していた学生救援会が四月から学生互助会として、貧困学生、結核休学者の救援と巾を広げたのも教養学部が最初だった。休学者への愛のハガキはたちまちコダマした——地道な巾広い活動はここから始ったといえよう。

このようないろいろな動きを含みながら「五月の風」もすぎた。内灘をはじめとする基地問題が、クローズ・アップされてきた。全学連大会でも軍事基地について熱心な討論がなされた。浅間演習地化問題をめぐり、駒場に〝地震研を守れ！〟の声が起った。六月一六日の教養学部生三千人の興隆デモというかつてない統一と矢内原総長をはじめとする学問の自由を守ろうとする教授の動きとが一致して行われたことが地元の闘争とあいまってついに地震研を守った。これに力を得た学生は、夏休みを目標に、寮生達がビラで埋まるほど県人会結成を進めた。寮の「遊説」方式ではなく、「内から農村の封建制を打破する」ことに最大の目標がおかれた。

北九州を襲った水害の救援と結びついたこの夏の帰郷運動は、[illegible]の講演会形式が減り、歌と踊りの会、ピクニックなどがふえて、郷里の人々と学生との結びつきに重点が置かれた。各地に芽生えてきたサークルを助成することができたのは大きな成果の一つといえよう。

さらにもう一つの特長は「東大」の運動を脱却して、県人会組織による他大学との交流であろう。全国二百ケ所以上での講演会その他はいろいろな批判もありながら、故郷に大きな足跡を残していった

〝銃をとることを拒みます〟

九月になると「進学」が大きな問題となった。一、二学期の試験は「期待して大学に入学したのにカンニングの多いのにおどろいた」という意味でもわかるようにカンニングがマン延した。完全答案が一巡したクラスもあった。読売新聞に報道されるに及び、学生は深く反省し、次の試験からはカンニングは一切行われなかった。

十二月八日、十年前の学徒出陣を記念して「不戦の誓い」が本郷と駒場で開かれた。〝私たちは銃をとることを拒みます〟という声は学生たちの切実な叫びだった。多くの教授の参加を得、廿八年の終りにふさわしい会合だった。このように四月から十二月まで、たえることなく続いた学生の動きもやはり廿九年に入ると、沈滞期に入ってしまった。三月、駒場祭に起った三・一四事件が転期となり新しい方向が暗示された。

フォーク・ダンスを楽しむ学生たち【白金文字撮で】

動を継続し、その中から有力な活動家が何人も生まれたようである。この頃は、この種の学生サークルが各地に登場し、戦後の日本の学生運動史の中では、一九五〇年前後のレッドパージ反対闘争と一九六〇年前後の安保反対闘争の間のいわば谷間の時代の学生運動を支える役割を果たしたと思われる。私自身についていえば、東京に帰ってからは、杉並区やその周辺に居住する東京大学、東京女子大学の進歩派の学生が作った「杉並学生のつどい」に参加し、そのメンバーとして活動した。

そうこうしているうちに四年生になり就職の時期が迫ってきた。大内ゼミの仲間には研究者志望の者が多く、私自身もある時期までは、迷いながらもその方向に進むことを考えていたが、この頃には父の事業がうまく行かず、二人の弟たちが大学進学につまずいてその進路を模索しているという家庭の状況の中で、長男である私が先行きの不透明な大学院へ進むという選択をすることはできなかった。そこで就職することにしたのだが、学生自治会の委員長をしていたという経歴から、その道には多くの障害があることが予想されたので、私は指導教官の大内先生を訪ねて、私のような経歴の人間が就職するとしたら、どうしたらよいかについて教えを乞うた。先生は、農業関係の団体は思想問題について比較的寛容だから、その辺を狙ったらどうか、一次選考を通過して二次の面接に行けたら、理事長宛に推薦状を書きましょう、と言ってくださったので、農林中央金庫（以下、農林中金）、全国購買農業協同組合連合会、全国販売農業協同組合連合会を受けることとし、まず農林中金の試験を受けたところ、幸いに一次試験に合格し、先生の推薦状も利いて農林中金に勤めることができた。

教養学部の七年史

デモから歌声まで

昭和二四年七月発足した東大教養学部もすでに七年余りを経て、ようやく落着きを見せて来た。かつての"シュトルム・ウント・ドランク"は、今日駒場を訪れる人々には想像もできないであろう。青春の第一歩を戦争に捧げた学生から、六・三制といわれ、古きモラリストを慨嘆させる学生に至る教養学部の移り変りは、戦後の社会の激しい動きを如実に示していよう。

同じ東京大学とはいえ、駒場の学生は、その経験・知識において本郷の学生に一歩ゆずるとしても、その若き情熱は新しき伝統の作り手としての役を果しているといえよう。次代の担い手として、新しきインテリゲンチャの誕生の場として、駒場はやがて主要な役割を果すであろうが、本紙はここに「教養学部の歴史」を特集し、混沌の時代から今日に至る、駒場の歩みをとらえてみた。

「デモから歌声まで」に象徴される日本学生運動の変化は、常に駒場から起ったといっても過言ではなかろう。レッド・パージ反対闘争、血のメーデー、破防法反対、徴兵反対署名運動、浅間基地反対闘争、原水爆禁止署名運動、学生選挙権擁護闘争などで、幾多の尊い犠牲者を出しながらも、次から次へと良心の灯は、時に大きくなり、時に小さくなりながらも、絶えることなく続いた輝やかしい歴史を有する教養学部にはいまだまとまった歴史もなく、資料も殆んどない状態で、この記事も資料の一つとして読んでいただき、これをきっかけにさらに整った歴史が作られることを期待したい。時計台の針は十二時をさしたままであるが、駒場の歴史は止ることなく刻まれていく。新しき時代への希いをこめてこの特集をお贈りする。

【編集部】

矢内原忠雄 初代学部長

高木貞二 第三代学部長

麻生磯次 第二代学部長

辻直四郎 現学部長

東京大学教養学部七年史の特集（東京大学学生新聞　一九五五年一一月二一・二六日）

V　大学院時代

農林中金では、約一か月の研修と農協駐在を経て、新採用の大卒二〇人が五月から本所と地方の支所に分かれて新入職員としてのスタートを切ったが、私は九州大学卒の二人とともに出身地の福岡に勤務することになった。福岡支所は、その頃家族が住んでいた中浜口町に近かった（歩いて一〇分くらいの距離）ので、私は自宅から通勤し、おかげで給料は月一二、〇〇〇円だったが、将来に備えて少しずつ貯金することができた。福岡支所では、約二年間で、貸付―主計―預金という窓口業務を一通り経験して、農業金融の現場を知ることができた。この間、農業金融の実務を学ぶことにつとめたのは当然だが、結局サラリーマンとして一生勤めることができるのかと自問自答を繰り返し、家庭の事情は好転しなかったものの、その日の暮らしに困るという状況ではないと判断し、両親の暗黙の了解も得て、大学院への進学を決断した。そして二年目の二月初めに退職し、若干の時間の受験勉強を経て一九五八年四月から大学院生となった。その時のコースは社会科学研究科応用経済学専門課程だった。

念願の大学院だったが、初めて大学院生の研究室を訪ね、先輩の院生にあいさつしたところ、「君は大変な所に来たね」と言われたのはショックだった。ちょうど、新制大学院が発足して最初の博士課程修了者が出たところだったのだが、ほとんど研究機関に就職できず、大学院は失業者もしくはその予備軍の溜まり場だというのである。就職は厳しいということは聞いていたものの、現実は予想以上に悪かったのである。しかし、安定した職場を敢えて捨ててこの道を選んだ以上、戻ることはあり得ず、改めて大内先生が言われた「どんなに厳しいといっても、いい仕事をすれば道が開ける可能性はある」ということばを肝に命じて前に進むことにした。

大学院に進学して最初の難関は、当然のことながら修士論文の執筆だった。私が選んだ応用経済学コースは博士課程への進学が厳しく、毎年それにつまずく人が出ていたから、スムースに進むためにはいい論文を書く必要があった。私は二年間実務を経験していわば「土地勘」があった農業金融をテーマとして選ぶことにしたが、これについては、学部の二年先輩、大学院では四年先輩の佐伯尚美氏がこれをテーマとして選んで着々と博士論文の執筆に取り組んでおり、農業協同組合についても、一年先輩の篠浦洸氏が修士論文でそれを取り上げていたから、これら先輩の仕事との差別化をいかに図るかが問われていた。結局修士論文は「農協系統金融の基本的性格とその機能―とくに戦前・戦後の変化を中心として―」をテーマとし、日本の農協系統金融には、一方で農家から集めた資金の一部しか農家への貸付金として還流させず、大量の「余裕金」を生みながら、他方で政府からの低利融資を受け入れるという特徴があり、この構造がなぜに生まれ、それが戦前と戦後でどのように変化したかを解明することを課題とした。そして、それまでの研究史との関連では、第一に、戦前の農家経済調査のもととなった個表（京都大学の農家簿記研究所の倉庫に保管されていた）を利用しつつ農家の資金循環の特徴を実証的に明らかにすること、第二に系統金融の頂点に位置する農林中金の農業関連大企業への資金供給の実態を、大企業の有価証券報告書を集めた「上場会社総覧」を利用しながら解明することにその特徴があることを強調した。

博士課程に進学してからは、少し時間的余裕ができたので、幅広い勉強を心がけながらも、まず、先輩の佐伯氏、大まかに言えば同輩の馬場宏二氏との共著で『現代日本農業の解明』という本を現代思潮社から出版した。この本は、農業基本法という新しい法律のもとでの日本農業の現状を総合的に解明しようとしたもので、私は農業財政、農業金融、農業協同組合の項を担当した。

しかし、何と言っても博士課程在学中の勉強で私の将来にとって最も大きな影響を与えたのは、大内力先生の「日本資本主義特講」を受講したことであった。この講義は、大内先生にとっても日本経済の現状分析に挑戦する最初の試みだったと思われるが、ここで受講者は独占資本、中小企業、農業、労働、財政など、日本経済を構成するいくつかのセクターに分かれ、それぞれの現状を調べて報告し、それについて先生がコメントを加えるという方法がとられたが、私は中小企業を担当して、二、三人の院生と一緒に中小企業の研究史を勉強しながらその現状も調べた。この講義で、私は大内先生の国家独占資本主義についての最初の構想を学ぶとともに、中小企業研究についての手がかりをつかむことができ、これが博士課程で所定の単位を修得した後での神奈川大学への就職につながることになった。

Ⅵ　かけ出しの大学教員生活

一　神奈川大学

私は一九六三年四月に神奈川大学法経学部専任講師として大学教員生活のスタートを切った。神奈川大学には東京大学大学院を出た石崎昭彦氏が助教授として在籍しており、同氏の紹介で一年前に私と同じ大内ゼミの馬場宏二氏が就職していたのだが、中小企業論担当の先生が他大学に移ってそのポストが空いたので、中小企業論でよければ専任教員になれるチャンスがあるということで、それに応募したところ、幸いにして採用可となったのである。採用に際しては、米田吉盛学長の面接があったが、父の職業を聞かれ、初任給は月三万円だけど、それでいいかといわれただけだった。後で聞いたところでは、学長の腹心の教務部副部長が東京大学経済学部の事務長を訪ねて、私の身元調査を行ったようだが、事務長に「お宅は続けていい人を採りますね」と言われて良い印象を持ったようである。

神奈川大学は、昭和の初めに警視庁の巡査だった米田吉盛氏によって創立された横浜専門学校が戦後神奈川の名を冠した大学となり、戦時中から国会議員となった米田氏の経営よろしきを得て、中堅私学として成長中だったが、米田氏が学長、理事長を兼ねていたところからも想像できるようにワンマン独裁の大学だった。私はそこに四年間在籍したが、この間の「思い出」について記したのが、次頁以降の記事である。

神奈川大学と馬場宏二君　―私の思い出―

畏友馬場宏二君と私とは長い付き合いで、この長い時間の中での彼の思い出については、既に彼の葬儀における「弔辞」であらましを述べたので、ここでは彼と私が新米の大学教員として生活を共にした神奈川大学時代にしぼって、神奈川大学と馬場宏二君について、私の思い出を記すことにする。

馬場君と私は、小学校の学年でいうと同学年だが、彼が台湾からの引揚げの関係で大学に入るのが一年遅れ、私の方は大学院へ入るのが二年遅れたため、大学時代は私が一年上、大学院時代は彼の方が一年上ということになり、初就職の神奈川大学へは、一年前からいた馬場君の紹介で私も入ることになった。一九六三年四月のことである。

当時の神奈川大学は、首都圏にある伸び盛りの中堅私立大学だったが、米田吉盛という自民党の代議士が学長兼理事長として君臨していた「ワンマン」独裁の大学でもあった。象徴的なのは、学長専用車としてロールス・ロイスが一台、ベンツが確か二台あったことで、教授会は月に一回しか開かれず、しかもそれは全学教授会で、大会議室に一〇〇人以上の専任教員が集まり、正面のひな壇に、学長を真ん中にして学部長と重要な委員会の委員長と事務局の幹部が並ぶという配置だった。教授会の運営も、各委員会の報告や通達、学長の一方的な指示を聞き、それに対して若干の質疑応答が行われるだけというごく形式的なもので、教員の人事や教育内容についての実質的審議はほとんど行われなかった。但し、米田氏の名誉のために言っておくと、彼は、大学の質を高めることには熱心で、経済学関係の教員については、一橋大学や東京大学を中心に元気のある若手を集めようとしていたように思う。

それにしても、学部学生時代ともに自治会の委員長を経験していた馬場君と私にとっては、このような大学のありかたは誠に異様でとても許容できるものではなく、その体制批判的言動から、いつしか私達三人（私達の先輩で、二人を神奈川大学へ引っ張ってくれた石崎昭彦氏を加えて）は、反体制「三人組」と呼ばれるようになっていた。

私達の体制批判的主張の一つは、教授会を実質化するために、学部別の教授会を設け、そこで教員人事も審議すべきだということで、この主張には長老や若手の教員の多くも同調してくれたので、間もなく私たちの関係では「経済学部会」が設けられ、そこで人事も審議されるようになった。但し、このネーミングからもうかがわれるように、ここに決定権まで認められたわけではなかった。

もうひとつ教授会の関係で私の記憶に鮮やかに残っているのは、「学生の政治活動を禁止する」規則を制定するという案件が全学教授会に突如提案された時のことである。提案者は学生部長で、この人は三井三池の大争議のときに三井鉱山株式会社の労務部長（正式な名称は未確認）だったとうわさされていた人だった。大学は学問を教育し研究する場だから、そこに政治活動を持ち込むべきではないというのが、この提案の理由だった。この大学にはまだ学生自治会は存在していなかったと記憶しているが、水面下でその結成を目指す動きがあることは、風の便りに私の所にも伝わってきていた。この時、教授会には「三人組」の中で私一人しか出席していなかったが、誰もこの提案に反対しないので、私一人だけでも消極論を述べておかないと、この案が承認されて、学生の自治活動に厳しい規制がかけられる危険性があると直感した。「政治活動を禁止するというのは単純明快なだけに、その定義如何では、正常な自治活動までも規制されることになるので賛成できない。禁止する活動の内容を明確にすべきである。」という趣旨の発言をしたところ、二―三人の若手の教授と中堅の助教授が私の発言を支持してくれたので、結局、学長が間に入って、この件について具体的内容をつめる特別委員会を設けることにしたい旨提案し、私もこれを了承した。そしてその後、この時に消極的意見を述べた教員のうち私を除く教員を加えた特別委員会が組織された。反対の口火を切った私は排除されたが、反対派の意見にも一定の配慮が示されたわけで、このあたりには、米田学長の独裁とはいえ、その体制に一定の柔軟性があったことは確かである。

私は、結局四年で神奈川大学を辞め、一九六七年四月に法政大学に移ったが、その移動に際しても、ゼミ学生の所属について、大学との間に摩擦が生じた。当時、神奈川大学の経済学部はゼミ必修制をとっていたが、新年度のゼミの選択が決定した後で、私の移動話が出てきたので、私はゼミを選んでくれた学生に対し事情を話して、「申し訳ないが、四月から法政大学へ移ることになった。しかし、事情が許せば、君たちが卒業するまで二年間非常勤講師として全力をつくすつもりだ」と私の気持ちを述べた。この話し合いの場に事務局の職員が同席していたことを今でも鮮やかに覚えている。詳細な前後関係は忘れたが、当時の大学の方針は、やめる先生のゼミは直ちに解散して、ゼミ生はほかのゼミに移るということだったが、私のゼミを選んだゼミ生の多くは、この方針を納得せず、ゼミの存続を希望して、学部長に対して「学生が存続を希望し、先生も非常勤講師として最後まで面倒を見るといっているのに、山崎ゼミの存続が認められないのはおかしい」と強く訴えたので、この熱意が学部長を動かし、結局、その後二年間、私は非常勤講師としてゼミの指導に当たることになった。そして、この時のゼミ生とはその後も交流があり、彼らと法政大学の山崎ゼミのゼミ生とが合同で組織した「山崎会」という名のゼミ同窓会は今までに数回会合を重ねている。

ほかにも、私が辞める時には、広い意味での学生運動の活動家と思われる学生が私を訪ねてきて、私が退職する理由を聞き、「先生気を付けてください」と忠告してくれるということもあった。このような接触があったのは初めてで、学生の間にも「体制」批判の動きがあることを教員に知らせるサインだったのではないかと思う。

以上、いささか私の神奈川大学時代の思い出のような書き方になってしまったが、この間、「反体制派」の同志としてほとんどの事柄について私は馬場君と思いを同じくしていたので、彼がこの世にいない以上、私の「私史」的な記述を通じて彼の神奈川大学時代を偲んでもらうということも許されるのではないかと考えた次第である。(以下略)

(付記)

本稿では、米田体制の評価が厳しくなっているが、私は、神奈川大学(横浜専門学校)の創立者である米田吉盛氏が苦学力行の末、独力で現在の大学を作り上げた創立者としての功績や彼の私立大学経営者としての手腕は高く評価している。また、個人的にも、「反体制派」だからといって、いやがらせをされたり、特に差別されるということもなかった。そればかりか、大学院設置にからんで必要となった蔵書（専門書）の充実（予算三，〇〇〇万円）に際しては、その中心的役割を担うことを委嘱され、その仕事が終わった時には、その功績が認められて海外への留学をすすめられたこともあった。問題は、大学で余りに強大な権力が集中してしまった、その体制にあったのである。

一九七〇年前後の時期における神奈川大学及び米田体制の現実及びその評価については、当時長老教授の一人であった岡野鑑記氏の『ある経済学者の一生―自伝と随想―』（白桃書房　昭和五二年一八三―一九〇ページ）が参考になる。

（馬場ゼミナール同窓会『馬場宏二先生追悼記念誌』二〇一二年九月）

既に述べたように、新制大学院発足直後の文科系の大学院生の就職状況は厳しかったが、今考えてみると、それは、大学教員の市場で、新制大学院が後継者養成の場として社会的に認められるまでのいわば摩擦的失業にとどまる程度のものであった。私の場合は、その中でも特に恵まれており、大学院時代の研究テーマとは異なる分野のポストで就職できたのであった。これには、いくつかの幸運が重なっていた。神奈川大学が学長・理事長独裁の大学で、人事は学長の専決であり、個々の教員の採用については、学長が学部長等有力教授の意見を聞いて、採用するポストの専攻分野の決定や候補者の選考を行い、私の場合には、友人の馬場宏二氏→先輩の石崎昭彦氏→長老の岡野鑑記教授というルートで学部長の山口茂教授に話をしてもらい、山口教授が私の大学院時代の業績を調べて、中小企業論を担当する能力ありと判断されて、学長に採用を進言されたようである。当時の神奈川大学法経学部の経済系は、東大・一橋・神戸大学系の長老教授が中心で、学長には、東大・一橋等の大学院を出た若手を積極的に採用して将来に備えようという構想があったようである。いずれにしても、就職難の時代に専門分野の異なる中小企業論というポストで就職できたという点では私は極めて恵まれていたと思う。

神奈川大学については、事務職員の人たちの人柄の良さや事務処理能力のレベルの高さも印象に残っている。前に記したように、私たち「三人組」はいわば反体制派とみられていたが、それでも、事務の人たちは、他の教員と差別することなく付き合ってくれ、特に図書館の事務の中心にいた人物とは、本の集め方ばかりでなく、大学のあり方などについてもフランクに意見を交わしたが、これらの接触を通じて、旧横浜専門学校（神奈川大学の前身）の時代から、同校の成績優秀な卒業生を意識して職員に採用していたことを知った。この人だけでなく、事務職員には能力の高い人が多く、これがあったために、私が辞めた後であるが、一九七〇年代の大学紛争の時代に同大学が一時全共闘系の運動の影響を強く受けたにもかかわらず、首都圏の中堅大学の中の有力な存在としての地位をキープすることができたのではないかと思う。

もうひとつ神奈川大学については、私が同校を辞める時に私のゼミを志望してくれた学生たちと交わした会話や彼らがとった行動も忘れることができない。そのあらましは既に述べた通りであるが、ひとつだけ付け加えると、私が自分の身の振り方について説明したところ、数人の学生は二年次の外国書購読で一年間付き合っていたこともあって、この説明だけでは納得せず、その夜私の自宅を訪ねてきて、結局朝まで狭い私の書斎でゼミや大学のあり方から始まって、人の生き方についてまで話し合うことになった。「先生はどうしてわれわれを見捨てて法政大学へ移るのか」と厳しく追及されるひとこまもあり、これに対しては「申し訳ない」と謝りつつ、大学の教員には教育者と研究者という二つの面があり、研究者として生きる上では、より研究条件の良い環境を目指さざるを得ないこと、専任と非常勤という肩書の違いはあっても、教師として学生と真摯に向き合う姿勢は同じであることなどを縷々説明したところ、ようやく私の立場を理解してくれた。

二　法政大学

私は一九六七年四月に法政大学経営学部に移った。身分は助教授で担当は神奈川大学の時と同じ中小企業論だった。法政大学には一九七一年九月まで四年半在籍したが、当時は大学紛争が盛んな時で、法政大学は白ヘルで有名な中核派（革命的共産主義者同盟全国委員会）の拠点だっただけに、自分の研究を別にすると、思い出は紛争対策に関することが多い。着任して二年目か三年目に厚生補導委員（学生委員のこと）に選ばれたが、この委員会は学生運動対策が主任務で、この頃には暴力も辞さない激しい学生運動に対する教授会の防波堤の役割を果たすことが求められていた。実際、各学部自治会代表との交渉の窓口となり、場合によっては、総長団交（団体交渉）の前段階としての学生部長団交に同席して、学生の吊るし上げに合う学生部長を守る役割も果たさねばならなかった。私も、何人か（二―三人だったと思う）の委員と一緒に学生部長団交に同席し、部長につかみかかろうとする学生を制止して、学生に蹴飛ばされたことがあった。そういうことがあってから学生部長に頼りにされて、私を含む二―三人の委員が部長の個人的アドバイザー役を頼まれたりした。また、ある時には、六二年館という公道に面した校舎の前で学生集団と機動隊が対峙し、機動隊が催涙ガス弾を発射しようとしていた時に、学生部の職員が「これを止めないと大変です。先生たちで何とか止めてください。」というので、学生担当の理事と何人かの補導委員と一緒に間に割って入ったこともあった。教員が現場に出て学生を制止したので機動隊は引き上げたが、その後で興奮している学生たちが学部ごとに分かれて現場にいた教員（補導委員）を拉致し、本館の校舎で追及集会を開いた。この時は、経営学部自治会がやや弱体だったこともあって、私は、その対象にならなくてすんだ。また、大学紛争対策として、自民党が大学管理法を国会に上程した時には、これに対する反対運動が盛り上がり、この法律に対する大学の姿勢を問うための学部長団交を学生が要求してきた。昼休みに各学部の補導委員が交渉に赴いたところ、私を含む三学部の委員がそれぞれの学部の自治会が開いていた学生大会の会場に拉致されて、学生の要求を呑むよう追及されたことがあった。この時私は、教授会の使者を暴力的に拉致して自分たちの要求を押し付ける行動の不当性を訴えて、直ちに拘束を解くよう要求し、自治会代表と押し問答を続けたが、経営学部の場合には、間もなく教授会の有志が救出に来てくれて私は一時間弱で部屋を脱出することができた。この時、経済学部の委員は夕方まで、社会学部の委員は深夜まで学生に拘束されていた。当時は、学生はもちろん、教員の側にも大学内に警察が入ることへの抵抗があり、そのために紛争が長引いていたのだが、法政大学の場合には、学内で中核派と対立する革マル派（日本革命的共産主義者同盟革命的マルクス主義派）の学生が死亡するという事件が起こり、警察が学内に調べに入ったのを契機に、一般の学生が学内に入れるようになり、大学管理法（大学の運営に関する臨時措置法）の成立もあって、大学は一挙に平常の状態に戻った。それにしても、誠に異常な法政大学の四年半であった。

法政大学については、私が辞めた後、中小企業論担当の助教授として清成忠男氏が招かれ、同氏はその後経営学部長を経て法政大学総長に就任されて、類まれなリーダーシップと経営の才を発揮し、法政大学を都心立地型大学として見事によみがえらせることに成功されたことも忘れられない。図らずも、私が辞めたことが清成氏を法政大学に招く結果をもたらしたわけであり、これこそが私の法政大学に対する最大の貢献であったというべきであろう。

三　中小企業・産業史研究

法政大学の四年半の教育環境は誠に異常だったが、研究の面では中小企業・産業史研究においてそれなりの業績を挙げることができた。主な業績を刊行順に示すとおよそ以下の通りである。

〈中小企業研究〉

㈠「イギリスと日本の中小企業金融」『農林金融』一九六四年

㈡「中小企業」平和経済計画会議・経済白書委員会編『国民の経済白書』昭和三九年版第Ⅱ部　第二章（無署名）

㈢「中小企業」平和経済計画会議・経済白書委員会編『国民の経済白書』昭和四〇年版第Ⅱ部　第二章（無署名）

㈣「一九三〇年代におけるアメリカの中小企業金融問題」『経済貿易研究』神奈川大学経済貿易研究所年報、第三号、一九六六年

㈤「日本工業の二重構造―日本綿業における企業規模別格差に関する一考察―」鈴木鴻一郎編『マルクス経済学の研究　下』東京大学出版会、一九六八年

㈥「両大戦間期における遠州綿織物業の構造と運動」法政大学『経営志林』第六巻　第一・二号、一九六九年

㈦「知多綿織物業の発展構造―両大戦間期を中心として―」法政大学『経営志林』第七巻　第二号、一九七〇年

㈧「両大戦間期におけるアメリカの中小企業問題」法政大学『経営志林』第七巻　第三号、一九七〇年

㈨「中小企業」佐伯尚美・柴垣和夫編『日本経済研究入門』東京大学出版会、一九七二年

㈩「中小企業金融」『証券研究』第三五巻、一九七二年

㈩「転換期における中小企業金融機関—信用金庫について—」大内力編『現代資本主義と財政・金融　三　現代金融』東京大学出版会、一九七六年

〈産業史研究〉

㈠「日本綿業構造論序説—日本綿業の発展条件に関する一試論—」法政大学『経営志林』第五巻　第三号、一九六八年

中小企業研究のうち㈡と㈢は、社会党、総評系の平和経済計画会議が政府の「経済白書」に対抗して作った「白書」で、大内先生が主査を務められていて、先生に依頼されて中小企業の項を執筆したものであるが、無署名である。また㈧は一九七〇年に刊行されたが、執筆したのは一九六五年である。㈠から㈧までは、いずれも神奈川大学、法政大学勤務中に刊行されている。㈨、㈩、㈩は、法政大学を辞めた後の刊行であるが、両大学で中小企業論の講義を担当していた時の研究が基礎となっている。これらのうち㈣と㈧は、戸原四郎氏と石崎昭彦氏を中心とした宇野学派の若手によって構成された世界経済研究会で分担した研究の成果であり、農業問題から中小企業に研究対象を移した私にとって、この研究会での議論は極めて有益であった。

私は、中小企業研究の焦点が規模別格差論にあり、日本における企業規模別の賃金や生産性の格差が欧米に比べて際立って大きいことの理由を明らかにするためには、産業の実態に

即して格差の形成過程を解明することが必要であると考えていた。そこで、その最初の作業として戦前における日本の中心産業であった日本綿業全体の構造と、その中小企業部門を成す産地織物業の分析を行うこととした。産業史研究の㈠と中小企業研究の㈤、㈥、㈦は、このような問題意識から生まれた成果である。そして、㈨は私の中小企業研究の方法についての一応のまとめである。

このように見てくると、法政大学の教育環境は最悪だったが、大学解体を叫ぶ全共闘系学生に対して大学の存在理由を示すべく意地になって研究に注力した成果がこのような業績を生んだことが分かる。

Ⅶ

東京大学社会科学研究所の二三年半

私は、一九七一年一〇月から東京大学社会科学研究所(以下、社研)に移った。当時、東京大学には一〇の学部と一三の附置研究所があり、社会科学研究所は、この附置研究所のひとつで、第二次大戦後の一九四六年八月に設立され、その「設置事由」には「本研究所の企図する所は広く世界各国の法律、政治、経済の諸制度及び事情に関し正確なる資料を組織的、系統的に蒐集し、且つこれが厳密に科学的比較研究を行うにあり」とされていた。同研究所は、日本が社会科学にもとづく正確な事実認識を欠いて無謀な戦争に突入したという反省に立って設立された研究所であった。この設立の経緯から、創立当初のスタッフは、主としていわゆる進歩派の研究者によって占められ、学問的にはマルクス主義法学、マルクス経済学の流れをくむか、その影響を受けた人びとが多かった。そのために、この研究所はマルクス主義者の拠点とみなされがちであった。

日本の国立大学の附置研究所は研究を本務としていたため、基本的に学部学生を教える義務はなく、教育については、学部の教官と協力して大学院生を教えていた。そして社会科学研究所は、社会科学についての学際的共同研究を行うところにその研究の独自性があるとし、その学際性は、法学、政治学、経済学という社会科学の主領域にまたがっていた。そして、私が停年で辞める時までに行われた全所的共同研究(全体研究)のテーマは、基本的人権、戦後改革、ファシズム期の国家と社会、福祉国家、現代日本社会、と多岐にわたり、日本社会の重要な課題に迫ろうとしていた。この研究所が「本邦工業」という新しい部門を新設するにあたり、そこの助教授として私は採用されたのである。

これから大学院生の教育に力を注ぎながら、研究を本格化できると期待して移った社研だったが、私は再び紛争の嵐を潜らねばならなかった。東大紛争は安田講堂攻防戦を境にして収束に向かっていたものの、経済の大学院では紛争が継続していたからである。経済の大学院では、既に大学紛争中に、指導教官制や修士論文が廃止されていたが、経済の大学院自治会は単位認定権の委譲を求めてストライキを決議し、バリケードを築いて研究室の一部を封鎖していた。この自治会を相手に交渉し、このストライキをいかにしてやめさせるかが教官側の課題だったが、この交渉に当たる研究科委員会（教官側の組織）の交渉委員選びが研究科委員長（学部長が兼ねていた）の重要な仕事だった。この交渉委員に、東大に移って間もなく指名されたのである。私が学生自治会の委員長をした経験、法政大学で全共闘学生と向かい合った経験を買われたのだろう。経済学部から出ていた交渉委員会の委員長を助けて非妥協的に交渉し、最終的には院生自治会の内部で代々木系の活動家がスト解除に動いたため、事態はやがて正常化した。

大学院の授業が正常に行われるようになってから、私の授業には優秀な院生が多数参加して、ゼミは活況を呈したが、これには指導教官制の廃止が大きく利いていた。指導教官制があると、学部から進学してきた院生（院生の中では、このグループが大半を占めている）は、大部分が学部時代のゼミの先生を指導教官に選ぶのが普通で、社研の教官を指導教官に選ぶのは例外的である。指導教官制が廃止されたことによって、院生は自由に事実上指導を受ける先生を選ぶことができるようになったのである。

社研の管理運営についていえば、原則として月一回教授会が開かれ、そこで人事や研究所の運営にかかわる重要な議題が審議されたが、所長を補佐するために協議員三人を選び、所長とこの協議員三人で構成される協議員会が教授会で議すべき案件についてあらかじめ整理していた。協議員の任期は一年だったが、所長の任期に合わせて二年間つとめるのが通例であった。私は、約一〇年間協議員として歴代の所長を補佐し、停年直前の二年間所長をつとめ、所長退任と同時に停年で二二年半に及ぶ社研生活にピリオドを打った。

この間のできごとについて記すべきことは多いが、以下、特に思い出に残っている、一　ベルリン自由大学東アジア研究所（ＯＡＳ）客員教授としての西ベルリン滞在記、二　一九九〇年から始まった東大の大学院重点化についての思い出、三　私の社研所長在任中の仕事についての思い出という三つの記事（記録）を掲げて、私の社研時代の自分史の一端を紹介することとする。

一　西ベルリン滞在記―S君への手紙―

山崎　広明

S君、お元気ですか。西ベルリンにいる間にお手紙をさしあげると約束したのに、一通の絵葉書を書いただけで、結局約束を果たさずに帰国の日を迎えてしまいました。いつものことながら、私の筆無精をお許し下さい。今日は、その償いとして、以下に私の西ベルリン滞在記を認めることにしました。お暇の折にご一読下さり、感想をお聞かせ戴ければ幸いです。

ベルリン自由大学客員教授として　既にご承知のように、私は今年の四月一八日から九月三〇日まで、西ベルリンにあるベルリン自由大学東アジア研究所（Ostasiatisches Seminar―通称ＯＡＳ）の客員教授として渡欧しました。ベルリン自由大学というのは、第二次大戦直後、ベルリンがソヴィエト、アメリカ、イギリス、フランスという占領四ケ国によって分割統治されていた時代に、ソヴィエト地区に再建された古い伝統を持つフンボルト大学が学問の自由を欠いていると考えた少数の教授や学生によってアメリカ占領軍地区に新設された大学ですが、一九七〇年前後には世界的に高揚した学生運動のヨーロッパにおける一つの中心となった大学でもあります。この自由大学は現在二〇の学部、五つの中央研究所から成る文字通りの総合大学であり、私を招いてくれたＯＡＳは、この大学の中にある哲学・社会科学第二学部に所属して、日本学と中国学の二つの学科を擁しています。私は今年の夏学期（四月―九月）に、この日本学科で「近代日本経済史入門」（日本語）と「財閥史」（英語）という二つの講義（週各三時間）を担当しました。

講義の感想　この講義の感想に入る前に、その前提としてふたつのことに触れておきましょう。ひとつは、西ドイツにおける日本学の状況です。関係者の話によると、西ドイツの伝統的日本学が、アメリカ・イギリスのそれと同じく、文学・芸術・宗教といった東洋の島国のいわば異国情緒に対する好事家的興味に端を発したものを中心としていたのに対して、数年前から、社会科学的観点から日本を研究しようという新しい潮流が生まれ、ベルリン自由大学のＯＡＳは、ルール工業地帯に近いボッフム大学とともに、この潮流の担い手になっているそうです。このこともあって、このＯＡＳと私が所属している東京大学社会科学研究所とは、一九八〇年四月から研究上の交流を進めようという協定を結び、私がこの協定にもとづく客員教授の第一号として招へいされたわけです。しかし、この社会科学的観点からする日本研究の西ドイツにおける歴史は浅いため、西ドイツの特に社会科学を学ぶ学生大衆の日本研究への関心を高めるまでには未だ至っておりません。

もうひとつは、ＯＡＳ日本学科の学生数です。ベルリン自由大学の哲学・社会科学部では、学生は主専攻を一つ、副専攻を二つ選ぶことが義務づけられており、現在、主専攻として日本学を選んでいる学生は約四五名、副専攻を含めるとその数が約一三〇名に及びます。しかし、日本学のばあい、この登録学生のうちほぼ常時授業に出て来る学生は約三分の一位だそうです。従って、主専攻として日本学を選び、ちゃんと授業に出ている学生は全部で（一学年ではなくＯＡＳ全体で）約一五名ということになります。
このようなわけで、私の講義に出席した学生の数は少なく、日本語でやった「近代日本経済史入門」が平均十名、英語でやった「財閥史」はわずか数名に過ぎませんでした。しかし、受講者はいずれも極めて熱心で、前者にはOASの教師が二名、後者には日本でいえば大学院マスター・コースの生徒が二名いて、それぞれに鋭い質問を浴びせてきました。なかでも、私にとって最も印象深かったのは、理屈っぽいドイツ人にふさわしく、講義の全体を貫く問題意識は何かを執拗に聞いてきたことでした。そして、これに対しては、敗戦と戦後の諸改革をはさんでの歴史の連続と断絶の問題であり、私は連続面を重視したいと答えたのですが、実は、この問題こそは、ナチズムを自国の歴史のひとまとして経験したドイツ人が歴史を研究するばあいに窮極的に解答を迫られる最大の難問だったのです。私は、この討論の過程で、ドイツ人の戦争責任に対する鋭い心の痛みを感じ、やや論理に飛躍があるかも知れませんが、この頃既に高まりつつあった欧州核兵器配備反対の大規模な街頭デモとこの痛みとのつながりを直感しました。

西ベルリンでの生活　固い話はこの位にして、この辺で話を私の日常生活に移しましょう。私が住んでいたのは、西ベルリンの住宅街といわれる市内南西部のダーレムにある大学の客員教授宿舎で、ここで、十人余の外国人と共同生活をしました。イギリス人、カナダ人、フランス人、イタリア人、ロシア人、インド人、中国人と多種多様でしたが、ことばの制約や肌の色の違いから、私はヨーロッパ人よりはインド人や中国人に親近感を感じ、気のせいか彼等の方でも同じ感じを持っていたようです。早い話、食事ひとつとっても、ヨーロッパ人はドイツの食事はまずいと言いながらも、パンと肉食をベースとすることに何の抵抗もないのに対して、我々アジア人は、やはり米を食べずにはいられないという違いが出てきます。国は違っても、言語的・文化的に共通性を持ち、生活水準においてもそれ程大きなへだたりのないヨーロッパ及びアメリカに対して、日本はこれら欧米と言語的・文化的伝統を異にするアジアの中でひとり欧米水準にキャッチ・アップした国としてどういう道を歩むべきか、ふと考えさせられました。廻りくどくとも、アジアに一人でも多くの日本の友人を作るための努力を積み重ねる以外に道はないのではないかというのが彼等との接触を通して得た私の結論です。

さて、私はこの宿舎に住みながら、夏休みに入ってから約一月間ロンドン及びヨーロッパ各地の旅行に出掛けた時以外は、昼間は、OASの講義、ベルリン自由大学にあるいくつかの図書館での文献調べ、大学の研究者との交流、夜は、ベルリンで親しくなった多くの友人達の家庭訪問や彼等との食事、音楽会等で楽しい時を過ごしました。私をベルリンに呼んでくれたOAS日本学科のパーク教授はほとんど毎晩のように私を夕食に招待して下さり、私の二つの講義を両方受講した唯一の学生であるゲオルグ・レーア君は、彼の女友達である日本人女子学生（福岡県田川市出身）とともに私の面倒を親身になって見てくれました。また、自由大学の保守派の有力教授である歴史学のフィッシァー教授、同大学マルクス学派の旗手であるアルトファーター教授も、それぞれの立場から私に適切なアドバイスを与え、私を歓待して下さいました。さらに、私の講義を受講していた数人の日本人女子留学生（いずれもドイツ人と結婚し、なかには二児の母となった人もいましたが）は、不自由な自炊生活

以上は、一九八一年における私の西ベルリン滞在記であり、次に掲げる〔二〕と〔三〕は、私が協議員、所長として社研の管理運営について責任を負うべき立場に立っていた時の思い出である。いずれも当時起こった東京大学の「大学院重点化」への動きに関連している。東京大学では、この前から、大学院生の増加に伴って、大学を大学院大学化しようとする動きがあったが、学部によって学部生と大学院生の比率が大きく異なり、大学院大学化には多額の費用がかかることなどから、それは挫折し、それに代わってどのような改革を行うかが課題となっていた。そして、これに応えるべく法学部から提案されたのが「大学院重点化」というアイデアであった。これは簡単に言うと、従来通り学部教育も行いながら、これまでよりも大学院教育に力を注ぐこととし、それに必要な予算措置を講ずることによって大学の予算を増額するというものであった。

制度的には、大学の予算を積算する単位となっている講座をこれまでは学部に置いていたのを大学院に置くこととし、大学院の教授は学部の授業も担当するから、それについて必要な予算措置を講じることにしたのである。これは、大学改革の行き詰まりを突破する画期的なアイデアだったが、東京大学の大学院教育における学部と研究所との対等な関係を変えるおそれをはらんでいた。この改革案によると、これまで学部に置かれていた講座が大学院に置かれて、これが基幹講座となり、これに対応して研究所の教官が担当する大学院の科目は協力講座として位置づけられることになり、このネーミングからして、これまでの対等という原則とは異なっており、改革によって増加する予算額も対等ではなかった。但し、大学院教育に関する会議の運営については、これまでの原則を維持することが確認された。この改革案に対して、研究所がどのような態度をとるかについては、これまでの原則を厳密に守るという立場から反対することも抽象的にはあり得たが、大学院大学化の試みが挫折し、大学の「窮乏化」を脱すべく最後に出てきたこの改革案を否定するためには、これに代わる実現可能な代案を提示することが必要であった。しかし、それは容易ではない（というよりほとんど不可能な）ので、次善の策として、この新しい事態に対応して、研究所がどう対応するか、自らの将来構想を踏まえて考えることにした。そこで、利谷所長の時代に上席協議員であった私が中心となって、「将来構想ワーキンググループ」を組織し、社研の将来構想について、国際日本社会専攻という大学院の専門課程と、国際日本社会研究センターという資料センターを新設するというプランを策定し、私が所長に就任してからは、このプランに沿って大学院重点化に対する社研の姿勢をアピールすることにつとめた。

二　社研の思い出―一九九〇年四月一日―

私は、社研に二二年半在籍していた。その間の思い出はたくさんあるが、その中で今でも強烈に記憶に残っているのは、一九九〇年四月一日のことである。この日は、新所長利谷信義さんの仕事初めの日で、私は所長を補佐する協議員として所長室にいたが、そこへ法学部長の石井紫郎さんが、何人かのお供を連れてあいさつに来られ、儀礼的あいさつの後、我々にとってはショッキングな法学部の新構想を紹介して、それへの社研の協力を求められたのである。東大では、四月の末頃までに各部局の次年度予算の概算要求を本部に提出することが慣例となっていたのだが、法学部は、そこに「大学院重点化」という考え方を盛り込んだ案を提出するというのである。

このことの意味を理解するためには、戦後のこの国の大学行政における大学院の位置づけを振り返っておくことが必要である。新制大学院が発足して以降、東大の社会科学系では、法学部、経済学部、教養学部、社会科学研究所の教官が協力して、「イクオール・フッティング」の原則に従って管理・運営を行っていた。但し、大学院について独自の予算措置は講じられなかったため、予算面では法学部と経済学部が学部に配分される講座研究費をやりくりして必要な費用を賄っていた。ところが、大学院生が増えるに伴ってこの費用が急増し、特に院生の数が多い理学部や工学部では、研究費の不足や設備の老朽化が深刻化していた。そこで東大では、この窮状から脱するために「大学院大学化」が図られたりしたが、学部教育との関係が大学全体としてうまく整理できていないことや必要な予算があまりに大きくなるために、この方向での改革は頓挫していた。

この改革の行き詰まりを打破すべく打ち出されたのが、法学部による「大学院重点化」構想であった。私の記憶によると、石井学部長の説明はおよそ以下の通りであった。これまでは、予算積算の単位である講座は学部に置かれていたが、法令によると「大学に講座を置く」と定められているに過ぎない。そこで、講座を大学院に置き、学部の教官が大学院とともに担当している学部の講義について別の予算措置を講ずれば（例えば、旧帝大以外の大学にみられる学科目制のような）、研究費が（一＋α）倍（例えば一．三倍）に増加する。そして、これは大学の管理運営の単位がこれまでの学部から大学院に代わることを意味しているが、法学部としては、実際の大学院の管理運営については、学部と研究所との対等の原則を維持するので法学部の概算要求について研究所の理解と協力をお願いしたいというのである。

この説明を受けて、当時の社研執行部は、法学部に対してできる限り「イクオール・フッティング」の原則を守ることと、今後文部省等との交渉の経過を知らせてもらうことを要請する一方で、研究所の将来構想を考えるワーキンググループを立ち上げて、そこで将来構想作りを急ぎつつ、当面の事態への対応策も考えることとした。そして、私がこのグループの座長となり、最終的に大学院に「国際日本社会」という独立専攻課程を作るとともに、「日本社会研究情報センター」を研究所内に設けるという構想をまとめた。ここでわれわれが目指したのは、折からの日本企業の好パフォーマンスを背景に、世界的に日本の社会や経済に関する研究（社会科学分野の日本学）が盛んになっている状況を受け、過去の研究や資料の蓄積を踏まえて、社会科学研究所を国際的日本学の研究拠点とするということであり、全学の場での社研のこれについての粘り強い主張に心ある人々は耳を傾けてくれ、結局、前者の大学院独立専攻設置構想は実現できなかったものの、センター構想の方は、数年のちに日本社会研究情報センター（現在の附属社会調査・データアーカイブ研究センター）として実現された。そして、前者についても、ここでキーワードとした「国際日本」は、その後明治大学や法政大学という私立有力大学がこの名前を使った学部や研究所を新設するというかたちで、その有効性が証明されたのである。

今思えば、一九九〇年四月一日は、社会科学研究所が新たなスタートを切る画期となる日だったのではなかろうか。

（プロフィール）定年退職後、埼玉大学経済学部（三年半）を経て東海学園大学経営学部教授、学部長（四年）、大学院経営学研究科長（七年）を歴任、この間学校法人の理事も七年つとめ、最後は特任教授で、二〇一二年三月退職した。初就職の神奈川大学（専任講師）から通算すると、四九年の大学教員生活だった。このうち二二年半、社研にお世話になった。

（最近嬉しかったこと）私達には孫が一人もいなかったが、昨年五月、次女が四〇歳代半ば過ぎの高齢出産で女の子を生んだので、初孫を持つことになった。人並みに孫の成長を楽しんでいる今日この頃である。

（東京大学社会科学研究所ホームページ「社研卒業生の現在」による）

三　所長時代の思い出

東京大学社会科学研究所は、一九九六年に創立五〇周年を迎えたのを機に、三〇周年を記念して刊行した『社会科学研究所の三〇年』（一九七七．三．三〇発行）がカバーした後の二〇年間に研究所が歩んできた道を回顧するために九人の所長経験者を招いて、一九九六年五月二二日に研究所中会議室で元所長座談会を開催し、この記録を『社会科学研究』第四八巻第四号に掲載した。以下は、この座談会に出席した私の発言の概要である。

山崎　私は一九九二年から九三年度、所長を勤めました。利谷所長の時からの引き続きですが、要するに、東大全体が大学院重点化に向かって大きく動き出している状況で、それに対して研究所がどう対応するかが根本的な問題でした。これは既に利谷所長の時代に、その基本的な姿勢を決めるべくワーキング・グループがつくられまして、私がその座長に指名されて、所内の人と一緒にいろいろと考えたわけです。基本的な方向としては、研究所の上に大学院の独立専攻をつくるということが一つ。これはすでに加藤所長の終わり頃から、所長のアイディアとしては出ていたのですが、その延長線上でそういうことを考えたのと、もう一つは、所内に研究センターを作ったらどうだろうという案と、この二つを大きな柱として考えました。そしてそれぞれのネーミングですが、キーワードとして「国際日本社会」という名前を考えたわけです。「国際」というのは、二重の意味で、前から言われている比較の問題と、それから国際関係の中での日本社会ということです。

大学院独立専攻問題

山崎　このうちの大学院独立専攻問題が、所長としては一番時間とエネルギーを取られた問題です。そのわりには、見るべき成果は小さかったと思いますが、ただこのプロセスで、この問題についての研究所あるいは社研の主張をことあるごとに述べましたので、そのことによって研究所の存在感をある程度示すことができたんじゃないか、まあ、今となるとそのぐらいしか取り柄はなかったと思っておりますけれども、そういうふうに考えています。

この問題が具体的にどういうふうに進んだかという大筋だけ申しますと、まず基本的に二つの局面があったと思います。それは私の一年目と、二年目で分かれると思うのですが、一年目は、これも加藤所長の頃からと思いますが、社会学部・社会学研究科の構想に関する懇談会というのができていまず。それから、これは私の時に始めてできたんですが、研究所問題懇談会というのができました。もう一つ、一番上の組織として、奥平所長の頃からあった大学院問題懇談会、こういう三つの懇談会があって、これが併行して走っていましたから、全部で会議を何回やったか、覚え切れないぐらいやりました。

この一年目も実は二転しております。一つは、九二年夏休み前後の状況ですが、文学部改革との関連で、社会学部・社会学研究科構想をどう固めるかという問題が出てきて、社会学の人たちがつくった研究科構想に社研は乗らないか、という話があった。それは社会学だけでは小さくて独立した研究科になれない。社研等に加わってもらえば何とかいけそうである、こういう背景があったんだと思うのですが、これに乗らないかという話がありまして、結局、「社会学」という名称を変えるなら乗ってもいいという判断をしたわけです。そしてその際に、「現代社会」という専攻をつくって、その中のコースとして「国際日本社会」専攻コースというのをつくる。そういう形なら参加しよう、ということで、皆さんにご了解をいただきました。

ところが、どういう事情なのか、この話は結局あまり進みませんで、その局面は終わりました。それで九三年の始めになりまして、今度は突然、特別補佐の案が出てきました。それは新潟大学の大学院設置構想を借りているんですが、旧型の大学院で、ドクターコースだけの大学院をつくり、研究所の上にその大学院を乗せるという案なのです。これは我々としては割合乗りやすい案でして、そこでは独立専攻ができますし、研究所の講座を持ち出して基幹講座をつくるなんていうテクニックを弄する必要もありません。そういう問題を回避できるんで、「結構です。それなら乗りましょう」と返事をしたわけです。ところが、これがまた確か二月だったと思うのですけれども、挫折いたします。

その理由は一つは、社会学のほうが、最終段階になって「社会学」の名前は捨てられない、だから「社会学研究科」だということを言ってきまして、その前は総合社会研究科というふうに変えるという話もあったので、その前提で、我々は乗ると言っていたのですけれども、「変えられない」というものですから、これは最終的にお断りしました。それからもう一つは、研問懇で、突然、座長（特別補佐）から、自分の構想は、全所を挙げて大学院をつくるという前提で考えたものであり、社研の構想は、研究所の大体三分の一ぐらいの勢力でこういう大学院をつくるというものだから、これに馴染まないんだという発言があったわけです。それで私はこれに対して厳重に抗議しました。

つまり、一年前ぐらいから私は社研の構想は説明しているわけですね。最初から三分の一ぐらいでやる、ということははっきり言ってあるわけで、それにも関わらず、ここにきて、そういうことを理由にこの案は社研と馴染まないのだ、という言い方は、そもそも非常におかしいではないか、ということを申し上げて、だいぶ議論をやりました。

一年目はそういうことで、ずいぶんやりましたが、結局流れました。それで二年目に入りまして、これは後半でしたかね、柏キャンパス構想が急速に進み始めて、そこのDブロックに国際協力学研究科というものをつくる。そこで社研は、何らかの形で乗りませんか、という話になって、これは前からの関係もありますので、「そこに国際日本社会独立専攻ができるということならば、我々としては参加してもいい」というふうに申し上げました。ただ、これに乗るについては、教授会の合意を形成するプロセスで、厄介なことがいろいろありましたが、最終的には、所長が言うんだからしようがないだろうということで、ご了解いただいたと思います。従って、私の最後の段階では、柏構想のDブロックに国際日本社会独立専攻をつくるというのに社研も乗りますよ、という状況で終わったということです。それは現在も引き続いている問題だろうと思いますが、これについては坂野さんからお話があろうと思います。

大筋は以上の通りですが、関連して学外での動きについて言いますと、全国研究所長会議は当然この問題を取り上げていました。それで第三部会には私二年間出ておりまして、二年目に、全国研究所九〇いくつにアンケートを出し、それを集約して、第三部会の報告書としてまとめました。それで研究所の上に独立専攻をつくるというのは当然である、という論理を展開したんですが、これがどういうふうに扱われているか、これも坂野さんからお話があると思います。

このプロセスで、九三年五月の研究所長会議の総会があったんですが、その時に文部省の研究機関課長が、チラッと我々の動きに対して批判的なことをおっしゃいました。つまり全学的構想の中で考えてもらいたい、どうも動きがそうでもないようだ、ということが一つ。それから仕組みを十分に理解されてない節がある、ということをおっしゃった。それでそのあとの全体会議でそれには納得できないということを主張しまして、夕方からの懇親会の席でも、「所長会議の席であなたがいない時に私はこういうことを言ったんだけれども、どう思いますか」というんで、その場で、課長とだいぶ議論をやりました。その時に彼が言ったのは「先生が言うことはある程度分かるけれども、やっぱり全学的支持を取り付けてもらわないと困る。我々としては処理できない。それから学問論としてそれが正当化されるものでないと困ると思う」ということでした。

センター構想

山崎　以上が大学院問題で、あとセンター構想のほうは、概算要求の第一順位で、利谷所長の末期ですね。あの時に要求書づくりをやって出したわけです。それで二回、経理部のヒヤリングがありまして、一年目は何もない、それで二年目、基本的には同じ骨格で出したんですが、二年目は、企画調整官がいろいろ質問をしてくれまして、それで若干前進したかなという感触を得たというところまでです。

それでまず自助努力として、所内で準備を進めることにしました。業務掛の部屋をメインの事務室のほうへ集中しまして、その跡にセンター準備室をつくりました。それからこれはずいぶん前からですが、助手ポストを一つ図書室に転用していましたが、塚越さんの定年後にそれがあきますので、これを返して貰って、これでセンター担当の助手を採用しようと考えました。

ところが、これについては、図書室職員の猛烈な反発があって、それから教授会メンバーの一部、特に組合関係の方々は消極的でした。それで当時の協議員や図書委員長の助力を得ながら、いわば団交みたいなことをやりました。

最後は所長が、申し訳ないけれども、社研全体のために辛抱してくれ、と頼んで、何とか収りました。助手ポストが一つできて、どういう人を採るかということになり、結局、ルイス君という非常に優秀な人を、担当助手として採用することができました。それで、センターの準備室を作ったわけです。そしてすでに何号か出ておりますが、ニューズレターの発行準備に取り掛かってもらうというところまでやりまして、私の任期は終わりました。

キャンパス問題

山崎 あと教官人事の問題、国際交流、外国人教員、キャンパス問題などいろいろお話したいことはありますが、キャンパス問題だけちょっと申し上げておきます。三極構想というのが出てきて、キャンパス計画がつくられたわけですが、その中で、社研は本郷に残るということで、その位置が大体確定した。いろいろあったんですが、現在の経済学部の建物の周辺にともかくその建物を造ろうと。

ただ、これが三段階ありまして、私の段階では、第三段階になっていたと思います。だから、ずっと将来の話なんですね。結局それが、全学的に決まったんですが、その決まるプロセスが必ずしも透明ではありませんで、もう私の所長の任期末期だったんですけれども、その度に私は「もうひとつ透明に」というクレームをつけましたが、ともかく本郷キャンパスの中に社研は残れそうだし、経済学部の周辺だったら、まあ、そんなに悪くもないんで、いつになるか分からないけど、最終的には反対しない、という姿勢で対処しました。

もう一点は、これは誠に申し訳ないというのか、私の力不足なんですが、現在地で施設を増やすという問題ですね。これは利谷さんの時からいろいろなことを考えたけれども、結局あんまりいいアイディアが出ておりませんで、これについては、結局、手付かずに終わっています。これはこれから先、社研にとってのひとつの重大な問題だと思っております。まあ、宿題が残ったというところです。

平石　どうもありがとうございました。東大全体が大学院重点化を進める中で、研究所のアイデンティティーを確立するためにご苦労いただいたと思います。では最後になりましたが、坂野先生、よろしくお願いいたします。

（『社会科学研究』四八巻四号　創立五〇周年記念特集号（一九九七年一月））

Ⅷ　東京大学社会科学研究所時代の研究

東京大学社会科学研究所時代の私の研究については、停年で東京大学を辞める前に故橋本壽朗氏等が私の研究業績を回顧するために開いてくれた座談会の記録が参考になる。この座談会は、一九九三年一一月二七日に社会科学研究所所長応接室で約三時間にわたって開かれ、その速記録を整理した記録が同研究所の機関誌『社会科学研究』第四五巻　第六号（一九九四年三月刊）に掲載されている。但し、この座談会では、私の駆け出し時代から社研を辞める時までの研究全体が対象となっており、六本の柱のうち、「一　農業問題への関心」「二　中小企業研究への転換」と、「四　個別産業史研究」のうち綿業に関する部分は、私が社研に来る前の業績だから、社研時代の業績は、「三　日本資本主義論・日本経済論の試み」「四　個別産業史研究」のうち綿業関係以外の部分「五　企業経営史研究へ」「六　年金制度史」で取り上げられているものということになる。この記事は座談会の雰囲気を生き生きと伝えていて面白いが、何分にも量が多すぎて、これをそのまま再録したのでは本書の他の部分とのバランスを失することになるので、本書では、この座談会の記事の私なりの要約を掲載することにした。以下がその概要である。なお、この座談会の話し手は私、聞き手は武田晴人、田付茉莉子、橋川武郎、阿部武司、渋谷博史の各氏で、司会は橋本寿朗氏がつとめた。

座談会

日本資本主義論と企業経営史

語り手　山崎　広明
聞き手　武田　晴人　田付茉莉子
橘川　武郎　阿部　武司
渋谷　博史
（司会）橋本　寿朗

◆日本資本主義論・日本経済論の試み

〈山崎〉　私は、中小企業研究に携わっていた頃から、国際比較と産業論的把握の必要を強調していたが、この産業論的把握を日本資本主義研究に適用したのが、林健久、柴垣和夫氏との共著『講座帝国主義の研究　6　日本資本主義』（青木書店　一九七三年）の私の担当部分である。この本では、全体を、第一次大戦期、「慢性不況」期、満洲事変期の三つに分けて時期区分し、産業構造、財政、国際関係という三つの視角から日本帝国主義の構造を分析したが、私は「はしがき」及び各時期の序論的部分と産業構造を担当した。

〈武田〉　その企画は？

〈山崎〉 これは、降旗節郎、戸原四郎の両氏が宇野弘蔵先生を担いだ企画だったと思う。宇野先生が「自分もそろそろ学者としては終わりに近づいてきたから、このへんで、現状分析をやりたい。」ということを多分言われたのだと思う。「それじゃ、帝国主義の研究からスタートしましょうか」という話になって、最初の予定では、研究会を重ねて、各人の報告について先生がコメントしながら、何かを考え、現状分析の方法みたいな方向に進もう、という話だった。これは、宇野理論を勉強するいいチャンスだと思って、戸原さんに誘われたので、私も参加させてもらった。ところが、途中で先生が倒れられて、結局所期の目的を果たせず、ドイツ・フランス編も、玉田美治君の急死もあって原稿が完成されず、講座全体としては未完に終わってしまった。ただ、我々の日本編だけは再販された。

我々の本の私の担当部分について言うと、現状分析では産業全体の分析をキチッとやる必要があるのではないか。まずは事実に忠実に産業全体の構成を押さえた上で、中心的産業を取り出してきて、それについての個別産業論的な分析を行う、という手続きが必要ではないか。この手続きを踏むと、日本の場合、鉱山業と繊維産業のウエートが非常に高いことが分かる。よくあるように絹綿業だけですむわけではない。全体構成を押さえて、中心的産業のそれぞれについて、中味を分析していく、という視点が必要だろう。

個別の産業の分析の方法は単純で、まず市場の構成を明らかにして、それを前提とした企業間の競争関係の分析を行い、それから最後に、帝国主義研究だから対外関係を解明する、特に資本輸出に絞り込んだ形での対外関係を解いていく、その際に、マルクス経済学の公式的な理解が基本的に前提されているので、独占形成、資本輸出という結びつきがどの程度見られるか、という点をチェックする、というような手法で分析を進めた。

〈橋本〉 中村隆英先生の「戦前期日本経済成長の分析」をどう評価したか。

〈山崎〉 大変面白いと思った。

〈橋本〉 面白いと思ったポイントはどこにあるか。

〈山崎〉 電化、都市化というようなこと。こういう観点はこれまでの日本資本主義論にはなかったのではないか。

〈武田〉 先生の担当部分で一番面白かったのは、市場構造―企業間競争という枠組み。それまで、そんなにやられていない。この発想はどこから出てきたのか。

〈山崎〉 企業間競争を分析しないで、独占は解けない。競争は市場で行われるから、市場の構造が前提になる。

〈武田〉 関連して、マーケットシェアの変動とか上位企業の順位の変化について↓がついた表があるが、すごく印象的で、大変分かり易かった。どういうところからのアイデアか。

〈山崎〉 作業をしていて素直に出てきた。

〈阿部〉 近代経済学の産業組織論と発想が似ている。その影響は?

〈山崎〉 ありますね。産業論の必要を考えるようになって、どう分析するか考えたプロセスで産業組織論が使えるのではないかと感じた。これには、神奈川大学時代に私にとって産業論の先生だった石崎昭彦氏の影響もあると思う。

〈武田〉 この本では農業が落ちている。

〈山崎〉 意識的に落とした。農業は規定される側だから、規定する側の条件をキチッと分析すれば、それで基本的には分かると考えた。

〈橋本〉 労働に明示的に触れる必要はなかったか。

〈山崎〉 それをやれる人がいなかった。

〈武田〉 講座派や大内理論では、この時期の日本経済について停滞的イメージが強いが、この本では、中村説の影響もあって、電力がらみで重化学工業化（その結果としての経済成長）が強調されている。この発想はどこから来たのか。

〈山崎〉 事実を忠実に見ただけである。事実をキチッとみて、それを整理することが現状分析の最初の仕事だろうと思っていたから、その立場に徹してやっていた。そうすると、成長を事実として認めざるを得ないと考えた。

〈山崎〉 この延長線上に、私の仕事としては社会科学研究所編の「ファシズム期の国家と社会2 戦時日本経済」（東京大学出版会 一九七九年）がある。ここで私は、「日本戦争経済の崩壊とその特質」「戦時下の産業構造と独占組織」という二本の論文を書いている。これは、社研の全体研究（全所的プロジェクト研究）「ファッシズム期の国家と社会」研究の成果で、私はこの研究をマネージした運営委員会のメンバーとして、当時資本蓄積班と称していた宇野理論系の研究グループの研究成果の取りまとめの責任を負っていた。

〈武田〉　「日本戦争経済の崩壊とその特質」は、戦略爆撃調査団の報告などを使ってナチス経済との比較を行ったもので、新しい観点を提起していた。「戦時下の産業構造と独占組織」は、戦時の経済分析自体としては、本格的にやられた最初なのだろうと思う。前の講座（帝国主義講座）と比べると、財閥がよりクリアーになった、より財閥に注目するようになった。後の財閥の経営史の研究につながって行く、分かれ目になる仕事ではないか。この本については、大学院時代に山崎ゼミでそれぞれ産業を分担して調べさせられたことが強く印象に残っている。

〈山崎〉　戦後については、「高度成長期の日本資本主義」（『経済学批判　３　―現代日本資本主義―』〔社会評論社　一九七七年〕）で高度成長論をやった。第一次高度成長期、転型期、第二次高度成長期をどうしたらコンシステントに説明できるかという観点で書いた。この三つの時期を戦後型の重化学工業の確立の時期として捉えようということで、市場基盤が国内市場中心から、輸出・国内並立の形に変わっていく、その途中に転形期がある。それを国際収支・外貨危機、それから高度成長の過程で進んできた低賃金基盤の解消の結果から説明するというアイデアである。

この頃、福島大学や東北大学で日本産業論とか日本経済論というテーマで集中講義をし、「講座帝国主義の研究　６　日本資本主義」、「ファシズム期の国家と社会　２　戦時日本経済」、「高度成長期の日本資本主義」を使って講義案を作ったが、戦後復興期が欠けているので、それを補って、第一次大戦期から戦後の高度成長期までの通史にしたことがあり、これらを下敷きにすれば、私なりの日本資本主義論が書けるかもしれないと考えたこともあった。

◆ 個別産業史研究

個別産業史研究として私が最初に手掛けたのは日本綿業に関する三本の論文であるが、これらは法政大学時代の業績だから、ここでは取り上げない。そうすると、ここで最初に来るのは、化学繊維産業に関する著作である。

〈山崎〉 私が化学繊維産業の歴史を研究するようになったのは、法政大学時代に、社会学部の教授だった田代正夫氏に日本化学繊維協会の化学繊維産業史の編纂事業への協力を誘われたのが契機であった。田代氏の叔父さんが東レの名誉会長だった田代茂樹氏であり、同氏の弟さんが化学繊維協会の事務局に勤めていた縁から、田代さんが産業史編集委員をしていて、経営学部の紀要「経営志林」に掲載された私の綿業に関する論文を読んで、私を執筆陣に加えることにしたようである。私は、業界関係者から話を聞く機会ができることを期待して、喜んでこの誘いに乗った。この産業史は、編集委員会が全体の目次を作り、業界内もしくは業界関係の調査マンに執筆を依頼して原稿を書いてもらい、それを集めて一冊の本にすることを考えていたようであるが、戦前部分について適当な執筆者を見つけることが出来なかったので、結局戦前は全部私に任せるということになった。早速既存の研究を調べてみたところ、レーヨン糸の流通の実態が十分に明らかにされておらず、また外国技術の導入過程やその後の技術進歩の過程についても解明の余地があることが分かった。しかし、これらについては、文献や資料が乏しいと思われるので、関係者からの聞き取りが不可欠であった。そこで、その旨を編集委員会に申し出たところ、聞き取りを行うことが了承されたので、協会の事務局の人に、聞き取り可能な人物のリストアップ、対象となる人物との連絡をしてもらい、私がそれぞれの人物ごとに質問事項を作って、協会事務局の人と二人で各地に出掛けて行って聞き取りを行った。この聞き取りの成果は大で、人絹糸やスフ糸の流通の実態、外国からの技術の導入過程やその後の技術進歩の実態を詳しく知ることだけでなく、新しい貴重な資料を入手することもできた。資料について一例を挙げると、帝人商事の社長をしていた人からは、昭和初期における帝人の糸の販売先別の数量やリベートを記した十年分位のデーターを提供してもらった。

化学繊維産業についても国際比較という視点を重視していたので、外国の事情を把握するためにマーカムの「レーヨン工業」論やコールマンが書いたコートールズ社の社史を精読し、ドイツとフランスについて東大経済学部所蔵の関係文献で不足部分を補った。この結果、日本のレーヨン工業の展開の特徴として、発展の急進性と企業間競争の激しさを指摘することが出来ることが分かった。そこで、その点を中心として全体を構成し、「日本化繊産業発達史論」（東京大学出版会　一九七五年）を書いた。その前に、私は日本化学繊維協会が出した「日本化学繊維産業史」（一九七四年）の戦前部分（労働関係を除く）を書いており、この著書は、化繊協会の「産業史」で書いた事実に、新しく調べた生産手段と労働力の調達を加えて、全体を学術書風に再構成したものである。これは、幸いにして第一六回「エコノミスト賞」を受賞し、その審査報告と、受賞者の横顔を紹介した私の友人馬場宏二氏の文章が「エコノミスト」の一九七五年二月一〇日号に掲載されている。

〈橋本〉　これは私にとっては非常に印象深い書物である。工藤章と中村青志と3人で産業論研究会をやっていて、この本を読み、いっぱい質問を書き込んで先生のところ会いに行った。これが先生に会った最初だったが、新産業が流通ルートを独自に作ればものすごくコストがかかるところを、日本のレーヨン工業は既存の流通ルートを使うことによってそれを大幅に節約することが出来たと述べているところが大変面白かった。それから、研究手法について、プリンテッドマターだけでは駄目だぞとやったところもすごく印象的だった。

〈阿部〉　個別の企業家がかなり鮮やかに出てきているのも印象的だった。先生の研究がこの後、企業経営史研究に展開していく、その姿が既に現れていたのかと思う。

〈橘川〉　森川英正さんがよく言っていたのは、経済史と経営史があって、両者の世界がばっちり切れていた。経済史では、企業はいわば点のような扱いで、他方経営史の方は企業だけを見ていて、それが全体として持っている意味というのが見えていない。そこをつなげたのが山崎説の産業史だという話を聞いた覚えがある。また現実問題として、経営史学会に人をリクルートした。社史の書き手をつなぐことで経営史研究所に貢献した。

◆企業経営史研究へ

〈山崎〉　企業経営史研究との出会いは、今話のあった森川さんです。私が法政大学の経営学部に移る時に森川さんが私を推薦してくれた。そして経営学部で同僚として付き合っていた間に経営史学会への入会を強く勧められたので、それに応じて入会した。入会してみると、結構面白いと思った。講座派的な臭みのないところや、脇村義太郎先生や中川敬一郎先生の人柄もあって、学会全体のリベラルな雰囲気も魅力的で、学会との付き合いが始まり、事務局が東大に置かれていたこともあってそれが次第に深まっていった。

そして、同じ森川さんとの関係で日本経営史研究所とのつながりもできてきた。「三井物産株式会社100年史」の森川さん担当部分の一部の執筆を引き受けることになったのである。この「100年史」の編集を担当したのが経営史研究所だったので、同研究所の事務局の人との付き合いが始まり、その後多数の社史執筆を依頼され、私はほとんどその依頼に応じた。現実の会社を知る上で、絶好のチャンスだと考えたからである。その過程で、社史執筆の成果を生かして、アカデミックな業績にした仕事もかなりあり、社史と関係なく個別企業そのものの研究を経営史研究所から出版してもらったものもある。

「三井物産株式会社100年史　上」（一九七八年）が、会社側の事情で公刊されなかったのは残念だったけれども、商社分析の枠組みをここでつかむことが出来たし、この執筆を出発点として、三井物産に関するいくつかの論文や「日本商社史の論理」（『社会科学研究』第三十九巻第四号一九八七年）のような仕事を発表することが出来たわけで、このような機会を与えてもらってありがたかったと思っている。「日本商社史の論理」についていえば、日本の商社というと、ほとんどの人が総合商社を論じるけれども、戦前の場合には、実は総合商社と専門商社という二つのタイプがあったのではないか。それぞれに発展の論理があるわけで、それをキチッと明らかにする必要があるのではないか、ということで、まず三井物産を典型として総合商社化の論理がどうなっているかを展開する。それから、それを前提として、それにもかかわらず専門商社が相当高度に発展していく、そのロジックをどう解いたらいいか、三綿（日本綿花、東洋棉花、江商）を念頭に置きながらいわば理論化した。

次に、「小野田セメント株式会社百年史」（一九八一年）を執筆した。これには橋本さんや武田さんにも参加してもらった。私が担当した時期（昭和四〇年不況期）の前を橋本さんが担当したので、二人で一緒に取材したこともあり、経験をかなり共有している。私が担当したのが難しい時期だったため、会社側の強い要望で書いた原稿が大幅に縮められて、不愉快な思いをしたこともあったが、仕事自体は面白かった。私がやったのが昭和四〇年不況期で、小野田セメントが経営破綻してメインバンクの支援を受けるようになった。そして、四〇年代に再び高度成長が訪れて、この過程で経営が再建され、メインバンクの介入を排除して自立していく。そういうドラマティックな歴史のターニングポイントのところだったので、大変面白かった。ザ・ラーストリゾートとしてのメインバンクの役割を明確に確認できた。

この時に日本興業銀行が中心になって小野田を再建し、常務取締役になる人（武田さん）を派遣した。武田さんから話を聞いたが、これは大変面白かった。社史にはほとんど書き込めなかったけれども、今でもはっきり覚えているのは、小野田を救済するかどうか微妙な段階に来た時に、三井銀行の佐藤喜一郎氏が最後に「安藤（豊禄）君を助けよう」といわれ、これが決め手になって銀行団は小野田救済に踏み切ったという。当時小野田のメインバンクは三行あり、その中で興銀と三井銀行が融資額で拮抗していて、どっちが再建のイニシアティブを取るかが問題になり、結局経営能力のある人材を供給できた興銀が武田さんを常務として小野田に派遣することになったのである。

武田さんは最初は常務で入ってきて後に副社長になり、会社の再建に成功したけれども、その後第二次高度成長が始まって、小野田の経営は軌道に乗って行った。このプロセスで、今度はビジネスハイアラーキーを誰が握るかという勝負になり、武田さんは結局それを掌握できなかった。元社長の安藤氏が、取締役も退任していたけれども背後に控えていて、彼に代わる人が次々に社長になって、武田さんは結局一〇年位で会社を辞めて行った。旧小野田のメンバーが経営の主導権を取り戻したのである。ここのところは大変面白かった。

〈橋本〉 今先生がおっしゃったことについては僕も同じ印象を持っていて、メインバンクと企業との関係を見る絶好の機会だった。昭和三〇年代に先生は並行メインだと言われたけれども、あれは、安藤さんが銀行の介入を避けるために並行にさせていたのである。できるだけ自立的に経営して思い切った技術選択をした。あれだけオールマイティーになれる条件を作ろうとしたんだろうと思う。そういう意味でも非常に面白かった。

〈橘川〉 そういうケースで、ある時間経ったら時効だから、何らかの形で発表することは出来ないのか。

〈山崎〉　どうだろう。武田さんのインタビューの場合、武田さんがＯＫするかどうか、ということがある。

その次に「東京海上火災保険株式会社百年史　下」（一九八二年）を一人で書いた。四〇〇字詰原稿用紙で二、〇〇〇枚位あったと思う。書くのは大変だったけれども、これも大変面白かった。

〈田付〉　インデックスとして大変重宝させていただいた。

〈山崎〉　一番印象的なことだけ言うと、戦後改革で労働組合運動が高揚する。そこで、組合と会社側との経営協議会での交渉を通じて、組合リーダーが経営管理についての専門的知識を身につけていく、という過程が進行し、その人達が後に専門経営者としての道を歩み、その中のトップは社長になる。こういう歴史が見事に存在していた。日本的経営の形成過程についての一つのケーススタディーになる。

もうひとつ面白かったのは、戦後改革の時期に、東京海上の社員が業界の新しい秩序作りや業界の危機救済に主導的役割を果たしたということである。ひとつは企画室長だった水沢健三氏の働きで、彼は戦後カルテルが禁止されて、戦前のような業者の保険料率協定が出来なくなった事態のもとで、業者間の無秩序な料率引き下げ競争を避けるために、アメリカのコネチカット州にあったシステムを参考にして料率算定会制度という官民合同の新しい制度を提案し、この実現に成功した。これによって、損害保険業界は無秩序な料率引き下げ競争を避けることが出来た。水沢氏は、この後閉鎖期間整理委員会の課長に就任した。もう一人は長崎正造氏で、彼は抜擢されて大蔵省の保険課長に就任したが、昭和二二年に火災保険の損害率が急上昇して、損害保険会社の経営を著しく悪化させた時に、タイミング良く火災保険の料率を二回にわたって大きく引き上げ、損害保険会社の危機を最小限にとどめることに成功した。これらは、当時の東京海上の社員の専門的能力の高さを示す代表例である。

もうひとつ労使関係の転換もドラマティックだった。一九六〇年のストライキで組合が敗北した後、丹頂鶴といわれた全損保から損保労連が分かれ、その後穏健路線をとる損保労連が主導権を握るようになって、企業内組合を中心とした日本的労使関係が定着した。

これは社史ではないが、山口和雄・加藤俊彦編「横浜正金銀行の研究」（一九八八年）もある。今はいないが、日本経営史研究所の専務理事だった人が、「先生方の為になんとか東京銀行にある横浜正金銀行の資料を引っ張り出そう」というので努力してくれて、そのおかげで資料的に「本丸」までは行けなかったけれども、その近くまで迫れた。

〈田付〉 山口先生は、資料の存在を知っていらっしゃった。

〈山崎〉 そうですね。ケルンまでは行けなかったけれども、その周りにある資料群にはアプローチすることが出来たので、その範囲で共同研究の成果として一冊の本をまとめることが出来た。そこで私は、二つの論文を書いた。『金解禁期』の横浜正金銀行」と『ドル買』と横浜正金銀行」がそれである。

〈橋本〉 先生は、山口グループにリクルートされたのか、それとも加藤先生にリクルートされたのか。

〈山崎〉 加藤先生は、私が後から誘って入ってもらった。

〈武田〉 少し戻るけれども、東京海上の百年史の印象を言うと、先生の仕事の仕方に特徴があって、目次がものすごく素っ気ない。どの章を見ても同じである。時代を区分して、いわば通して全部同じポイントを押さえて、その箱に入れていく。このスタイルはどういう考えから来ているのか、知りたい。

〈山崎〉 明確に意識しているわけではないが、全体像をとらえたい、ということがまずある。全体の中の主要な構成部分は、漏らさず把握すべきである。事実をキチッと把握する。そこを書き込むことがまず必要ではないか、と考えている。

しかし、最近は少し変わってきているかも知れない。その上で、ストーリーを作らなければならないのではないか、と思っている。ファクツを確定することはキチッとやるべきだ、それは変わっていないけれども、その上で、叙述する段階になると、少し変えてもいいのではないかという感じは持っている。

〈田付〉 あの時（東京海上の百年史作成時）は、会社から材料を出してもらった。そのためにも箱をちゃんと作らねばならなかった。

〈山崎〉 次は、今やっているところで、「住友海上火災保険株式会社百年史」である。やっと全部書いたところだが、戦時期と戦後復興期を担当している。旧大阪海上と住友海上が戦時中に合併して、大阪住友海上という会社になり、それが昭和二九年に改称して、住友海上に変わっていくわけだけれども、住友が有力な損害保険会社を傘下に収めていくプロセスは大変面白かった。そこに戦後の諸改革もからんでいるので、そのへんのところは、今後の研究の参考になるのではないか。

それから、あと電力、これは橘川さん、武田さん、橋本さんも一緒だった「関西地方電気事業百年史」（一九八七年）とか、「中部地方電気事業百年史」（一九九五年）。私は、両方とも戦時期をやって、関西の場合には、戦後の電力再編成も併せてやった。共通にやっているのは戦時期で、資料的には、電力中央研究所にある電気事業報告書が今までほとんど使われていないことが分かって、各社の電気事業報告書、それから各逓信局の報告書を使うと、まだまだやる余地がある。戦時期は電力国管一色で埋まってしまっているけれども、そうでもないのではないか、という印象を持っている。

〈山崎〉 最後は、これまでの社史とは異なって、「日本企業史序説―大企業ランキングの安定と変動―」（東京大学社会科学研究所編『現代日本社会5構造』東京大学出版会　一九九一年）である。これも社研の全体研究とのかかわりで生まれた成果である。「現代日本社会」という研究プロゼクトがスタートし、そこで何か報告してくれと頼まれて、上位五〇社の利益ランキング表を作ってみたら、意外に面白い事実が出てきたので、それを種にして論文を書いた。これまで一連の個別企業史をやってきたけれども、最終的には、個別企業史を超えたものを書かねばならないのではないか、日本企業史の総括に当るようなものをどうしたら書けるか、ということをかねてから考えていたので、そのまさに序説を書いてみた。

〈阿部〉 このランキング表は、チャンドラーのランキング表を意識しているのか。

〈山崎〉　そうである。分かり易いし、一望のもとに全体像が見える。企業の配置がクリヤーに分かる。

〈橘川〉　先生はなぜ個別経営史と経済史をつなぐ位置に立てたのか。今でも一般的には両者は切れているように思われる。経済史の人は、極端な場合には、資本の走狗になるから社史は書くべきではないと言い、他方で経営史の人は、資料があり、それにもとづいて物を書けばそれが経営史だと理解しがちである。それぞれの問題点に橋を架けたところに相当意味があると思う。

〈山崎〉　研究者としての育ちから、一貫して日本資本主義あるいは日本経済の総体をつかまえたいという問題意識が今でも非常に強い。ただ、それをやる時に、帝国主義の理論とか国家独占資本主義論とかを適用すれば済むという話ではない。日本経済の現実を分析するためには、それがどういう産業によってになわれているのか、そして主要な産業における企業間の競争関係がどうなっているのか等をちゃんと解明する必要があると思う。

それから経営史畑の人について言えば、個別企業だけをやっていたのでは、何のために自分たちが学問をやっているのか分からないじゃないかというような観点があって、個別企業研究の成果を生かして、最後には日本経済の全体像に戻らなければいけないのではないかと考えている。

◆ 年金制度史

〈橋本〉　ここで、年金制度史に移りましょう。

〈山崎〉　これも社研の全体研究とのかかわりである。「ファシズム期の国家と社会」の次の全体研究のテーマを「福祉国家」とすることが決まり、この研究を主導する運営委員会の委員長に戸原四郎氏が就任した。戸原氏はやる気満々で、スウェーデン語を勉強し、スウェーデンに文献収集のため自費で出張もしていた。私は、「ファシズム期」研究の運営委員をやってかなり疲れたので、少し休みたかったが、戸原氏に「君も手伝ってくれ」と頼まれ、同氏には若い時からお世話になっていたので、引き続いて運営委員を務めることになった。

福祉国家は社会保障制度を不可欠な一環として組み込んだ国家体制であるから、社会保障制度を取り上げる必要があるが、社会保障の中の生活保護や社会福祉よりは社会保険の方が私にはなじみ易かったので、社会保険の中の年金保険をテーマとして取り上げることにした。そして結局、厚生年金制度の歴史について、その成立の事情やその後の制度の変化を、制度をめぐる環境の変化と関連させながら辿ってみる所から研究をスタートさせた。この研究で面白かったのは、経営者団体（日経連）の態度である。最初に制度ができる時や、戦後、昭和二九年に制度が本格的に再スタートする時には、日本には退職金制度という従業員の老後の生活を支える制度があり、それに加えて老齢年金制度を作ると経営者は従業員の老後の生活を保障するために二重の負担を負うことになるという理由で、制度の導入に反対し、その後制度が本格的に動き出してからも、同じ理由から給付の充実に抵抗し続けた。ところが、昭和四〇年に厚生年金制度ができると、その態度が変化し、それに伴って給付の充実が一挙に進んだのである。もうひとつ、政府の態度にも変化が見られた。オイルショックまでは、厚生官僚はヨーロッパ並みの福祉制度を日本に作るという観点から制度改正を主導してきたが、オイルショック後その態度が変わって、ヨーロッパとは一線を劃した福祉国家、例えば国民負担率で、西ドイツの五〇％強までは行かないレベルの福祉水準を目指すようになった。これらが絡まり合いながら制度が変化する、そのプロセスをできるだけ分かり易く整理する仕事が必要ではないかと考えて一連のことをやってきた。

〈橋本〉 お待たせしました。渋谷さんから山崎先生の仕事の評価をうかがいたい。

〈渋谷〉 年金制度論には、ノウハウ物や、アカデミックなものでも政策提言に偏るものが多い中で、先生は、社会科学としての年金制度論を展開されていて、大内ゼミ育ちというか、そこで鍛えられた資料の扱い方、論理的なものの考え方でアプローチされていて、そういう意味で成功されていると思う。

これが大前提だが、まずひとつ質問しておきたいのは、制度改革について議会資料をお使いになっていて、これに成功されていると思うのだが、野党議員が比較的いい加減な質問をしたり、発言したりしているのに対して厳しくその点を指摘されているところが面白かったので、この点について伺いたい。

それから福祉国家論の関係でいうと、私のようにパブリックセクターを中心に研究してきた人間の持たないメリットがあるように思う。プライベートセクターを研究して来られた先生がこの分野に入ってこられたことによって生じたメリットがある。日本の政府なり、あるいは福祉国家システムが、欧米に比べると、民間の、特に企業の論理とか利害関係が非常に強く規制要因として働いているように思われる。昭和四〇年における厚生年金基金制度の登場によって、日経連が厚生年金制度に対してそれまで反対していたにもかかわらず何故賛成するようになったのか。山崎説では、反対だったのが賛成に回ったのではなく、自分たちの利害にうまく政府を組み込む、あるいは逆に言うと、企業で抱え込んでいた問題を自分たちの都合にいいような形でパブリックセクターの中にはめ込むというところが、うまく分析から出てきている。それは、私のようなパブリックセクターを勉強している人間には、これまで見えてこなかった、もう一つの福祉国家形成の論理みたいなものが見えてくるし、日本を含めて先進的な資本主義社会における法的部門の存在意義というようなところにも、もうちょっと伸ばすとかかわっていくような重要な論点が出てきているという感じがする。この点についての今後の抱負を聞かせて頂ければ幸いである。

〈山崎〉 野党議員に辛いのは、野党に期待しているから（笑）。議事録を読んでいると、特に社会党は、質疑時間は長いのにダラダラしている。公明党や民社党は短い。共産党もそう。彼らは、キチッと論点を整理して追及している。その議論はそれなりに迫力がある。

〈渋谷〉 私はアメリカで同じような作業をしていて、アメリカ議会の公聴会では、議員自体がその分野についての勉強を非常によくしていているから、アクチュアルな専門家が出てきても十分渡り合える。先生が書かれたものを見ると、日本の議員が専門家と渡り合うとどうも弱いなあと思う。

〈山崎〉 二点目について、プライベートセクターをやっている人間のメリットが出ていると言うけれども、私はまだ出てないのじゃないかと思う。そこを今後補っていく必要がある。

退職金制度、それも企業年金化という流れがあるでしょう。それに公的年金がだんだん増えてくる。そこの絡みですよね。そこのところを両方視野に入れて、キチッと解いていかなきゃいけない。ところが、企業年金制度というのは企業別にバラバラでしょう。それをどういうふうにして、トータルに分析できるかという、その方法がまだ私の中では確立していない。

税制上の優遇措置がどう変わったとか、そういう話はすぐ分かるけれども、企業年金の実態がどう動いてきているか、について十分な資料が得られない。個別企業の中でやってもよく分からない。どのくらいの年金を今実際に払っているのか、はディスクローズしないから、そこが大変難しいところである。

〈渋谷〉 昭和四〇年の改正で厚生年金基金制度が出てきて、それをどう位置付けるか、社会保険の方からみると、やっぱりややねじ曲がって見える。パブリックセクターだけでキチッと保険をやればいいのに、どうも大企業以下を持ち込んできているみたいなかたちになっている。先生の考えだとそういう風にしないと日本ではこれ以上拡大できなかったということですか。これは財政研究の方からは出てこないかな、という気がしました。

◆ まとめ

〈橋本〉 では、最後のまとめをお願いします。

〈山崎〉　今まで見てきたところですでにお分かりのように、研究者としては、いささか育ちが良くないというか、よく言えば異例である。テーマが変わっている。農業からスタートして、中小企業、産業史、経営史、これと並行して年金制度史にまで手を広げている。なぜそうなったか。その時々の事情に影響されながら、テーマを変えてきた。

これをよく言えば、アダプタビリティーが高い、これによって視野が広がったというふうに褒めることもできるけれども、逆に悪く言えば、主体性に欠けるという批判も成り立つ。ただ、一貫したものはある、と私は考えている。

結局、最終課題は、日本経済の広い意味での現状分析を実証的にキチッとやることである。それをどういうふうにやるかということをある時期から強く意識するようになった。マスター論文を書いた時点からそうかも知れない。やはり事実主義だと。事実を大事にしなきゃならない。既存の理論を機械的に適用して、それでよし、とするのでは駄目だ。そこは非常に強い問題意識としてあった。だから、できる限り一次資料を見、そこから新しいファクツを見出すべきである。そして、ファクツを学問的に意味づけることをやるべきなんだけれども、問題は、出てきた面白い事実をどういう視角から、あるいは方法によって整理をしていくかということになる。やはり、最後まで方法の問題を外しちゃうわけにはいかない。

私の場合、最初に教わった経済学があり、それを忘れて、どこかにパッと飛び移るという器用な芸当はできないので、大内先生に教わった経済学をベースにするしかない。ただ、教わった通りにやってすむという話でもないから、それをできるだけ再解釈しながらやっていくしかないのだけれども、それ以後出てきているいろいろなツールは使った方がいい。そういう意味で、産業組織論とか、チャンドラー的な発想も取り入れた方がいいだろうと思っている。

そして視点としては、国際的な視点―国際比較と国際関係―をとるべきである。国際比較は、かなり早い時期から意識していたが、国際関係論的視点は、レーヨンをやって事実上そうなった。日本の企業がどういうふうに生まれてくるか、というと、国際関係論を入れて行かないとあのプロセスは説明できないので、そういう二重の意味での国際的視点は、これからも十分意義がある視点ではないだろうか。そして繰り返し述べたように産業論的視点も重要である。こういう二つの視点から、新しい手法も使いながら、現状を忠実に分析していく。多分そういう点では、一貫していたのではないか。

それで課題は、最終的には、日本経済自体をトータルに分析することである。テーマはいろいろ変わってきているけれども、整理してみると、その時その時の重要テーマではある。農業問題は、私たちが研究者としてスタートする時には、学界の論争の中心になっていた論点だったし、それから中小企業については、二重構造論が昭和三〇年代に出てきていた。また産業史、経営史についていえば、日本の産業や企業の競争力が強くなって、それが世界的にも注目されるようになった時期とオーバーラップしながら、私自身の関心もそちらの方に動いてきて、なにがしかの仕事をそこでやることができた。年金は、人口の高齢化が進むに伴い、これからますます重要になると思う。重要テーマのそれぞれにその時、その時で迫ろうと努力してきたといえるわけで、あと何年生きるか分からないけれども、これらをできるだけまとめる方向で今後仕事をしていきたいと思っている。
以上で終わります。今日はどうも有難うございました。

Ⅸ　東海学園大学の一四年半

私は、一九九四年三月に東京大学を停年退官し、その後埼玉大学経済学部に三年半勤めたが、一九九七年一〇月から名古屋市近郊の愛知県西加茂郡三好町（現、みよし市福谷町）に新設された東海学園大学経営学部に移って、そこに一四年半専任教員として在籍した。東海学園大学を設立した学校法人は東海学園で、東海地方では進学校としては著名な東海高校・東海中学を傘下に擁していた。東海学園は、一〇〇年以上の歴史を有する浄土宗門の学校法人で、東海高校・東海中学のほか、東海女子高校、東海学園女子短期大学も有していたが、一九九五年に四年制大学として東海学園大学を設立し、その創立メンバーの一人として私も参加することになったのである。但し、この大学がスタートするタイミングが、私が埼玉大学に着任して一年しか経っていない時期であったため、私の着任の時期を二年半遅らせてもらい、三年生の後期がスタートする一九九七年一〇月から専任教授として勤務することになった。

東海学園大学は最初は経営学部だけの大学だったため学部長を置かず、学長が教授会を主宰していたが、その初代学長は、元同志社大学教授で商学部長も経験した吉武孝祐氏だった。吉武氏は、福岡市内にある浄土宗のお寺の出身だったこともあって、東海学園大学に招へいされたのであった。同氏は、旧制福岡中学、福岡高校を経て東京大学経済学部に進み、経済学部では大河内一男先生のゼミに所属していたようであるが、学徒出陣の世代で、大学卒業後、短期現役として海軍士官になり、そこで原価計算や会計学を身につけ、終戦後はそれが役に立って、福岡大学の教授を経て、同志社大学の教授に就任されたようである。全く偶然であるが、私は、前に述べた帰郷運動の時に、講演会の講師陣のリストに載っていた氏の名前に出会っていたことを思い出した。私は、東海学園行きを決める前に、当時は学長予定者だった吉武氏と二回会って意見を交わしたが、旧制高校流の教養教育を念頭に一年次からのゼミ教育を行い、マル経も近経も両方を教えるべきだといわれていたのが印象に残っており、リベラルで教育熱心な先生と議論しながら新しい大学を作るのも悪くないなと考えたものである。ところが、この吉武学長は大学発足後半年ほどで急逝され、その後を襲って、副学長だったM氏が学長の座につかれた。M氏は、元東海学園女子短期大学の学長だった人で、東海学園が四年制大学を設置するに際して、外部から招へいする学長の補佐役として副学長に就任していたのであるが、初代学長の急逝によって急遽学長をつとめることになったのである。

M氏は、東海高校の校長、東海学園の理事長をつとめた人の長男で、自身も東海高校の出身であり、名古屋大学の文学部、大学院修士課程、愛知県立大学を経て、東海学園女子短期大学教授、同学長を歴任していた。実家が浄土宗のお寺で、東海高校の出身だったから、浄土宗と東海学園同窓会をバックとする東海学園大学としては申し分のないキャリアの学長の誕生であった。それもあって、M学長は大いに張り切って新生東海学園大学を共生思想にもとづく教育力のある大学に発展させようとしていた。

ところが、開学後三年半経って、私が新入りの教員として参加した時の大学及び教授会の雰囲気は決して明るいものではなかった。開学一年目に数千人いた応募者が年とともに減少し、定員割れ寸前の状況に大学が追い込まれつつあったからである。

M学長は、教育重視の方針を掲げ、教員に研究者であるよりは教育者たることを、週四日、九時から午後五時まで研究室にいて学生に対応すること、スタンダードな教科書を使って、それを分かり易く教えること、少人数教育を徹底して毎時間学生にレポートを書かせ、それを教員が添削して学生に返すこと等を要求し、教室や研究室のドアにガラスを入れて、教室や研究室を「見える化」し、タイムレコーダーを導入して、教員の出退勤を管理する体制を整えた。また、教員一人当たり五〇万円の研究費や給与に査定制度を導入しようとしたこともあり、研究費については、二五万円は従来通り定額を渡すが、二五万円についてはそれをプールし、申請された研究計画を審査して配分することとなった。

全体として教員に対する管理の強化という色彩が強く、何よりも自由を重んじ、教育とともに研究を重視する教員の心情に逆らう言動であった。但し、学長の名誉のために言っておけば、いずれも一方的命令で実行されたのではなく、形の上では、学長提案を教授会が承認した上での実施であった。しかし、背後に同窓会と浄土宗門の支持を有し、法人の寄付行為によって強い力を与えられている学長に対し、個々の教員が個人としての意見を述べることは出来ても、議論は通常学長と発言した教員との間で交わされることが多く、教授会の意見を採決によって集約することは行われなかったから、余程強い、説得力のある反対意見が出ない限り、学長の提案が了承されるのが通例であった。

東海学園大学の教授会には、このような学長の姿勢に対する教員大衆の反発もしくは冷めた反応のほかに、もうひとつの重大な問題があった。それは、教育重視という学校法人の方針に呼応してこの大学の教授となった一部の人たちの存在であった。この人たちの多くは、教科書と自分たちのグループで作った地域のミニ学会の機関誌に掲載された論文やアメリカの通信制大学院のＰｈ．Ｄが主要業績で、教育を売り物にし、これまでの大学教員が研究至上主義で教育を軽視していたと批判していたのだが、教育重視を掲げる東海学園の大学設立の理念と波長が合って、そのメンバーが多数東海学園大学経営学部に採用されることになったのである。この人たちの中には、同僚の教員の授業を勝手に見て回って、「いかに教室が崩壊しているか」を逐一学長に報告したり、学生を威圧して教室の「静けさ」を保ち、それをもって自分たちの教育力を誇る人もいて、良識ある教員の多くは、これらの行動に対して強い不信感を持っていた。

二〇〇〇年四月に東海学園大学は人文学部を設立して二学部体制となり、この人文学部は経営学部とは別のキャンパスにあったため、それぞれの学部に学部長を置くこととなり、私が経営学部長を委嘱された。そして、この時に大学院経営学研究科も設置されたため、経営学研究科長も兼ねることになった。この大学へ私が来る時の条件は「研究と授業だけしていればよい」ということだったが、上述のような大学の状況では、大学自体がつぶれるかもしれないという危機感があり、大学院設置には全面的に協力していたこともあって、敢えて「火中の栗」を拾うことにした。

そこで当面の課題は、減少傾向にある応募者をいかにして増やすかということだったが、高校生に経営学部の魅力を分かり易く伝えるにはどうしたらいいかを考えた結果、大学を出た後どういう職業に就けるかを説明できるようなカリキュラムを作る必要があることに気が付いた。そこで、わが大学に来る学生の学力レベルで就職できる可能性がある進路をいくつか選び、その進路に合わせた標準的な履修モデルを作ることにした。具体的に言うと、それまでは経営、会計、総合という三コース制（学問分野別）だったのを、進路別の八コース制にし、経営、会計、マーケティング、金融、国際、福祉、スポーツ、公務員でコースを分けた。伝統的な専門分野別から進路別に発想を一八〇度転換し、いわば学生の立場に立ったコース制にしたのである。このコース制は分かり易いとの評判で、応募者の減少傾向に何とか歯止めを掛けることができた。

もう一つの課題は、上述のように問題のある教員の影響力をいかにして小さくするかということだったが、これについては大学院設置というチャンスを利用して、優れた研究者を招へいすることとし、国際経営の下川浩一氏、労働経済の小池和男氏、管理会計の伊藤博氏、財務会計の岡下敏氏等を教授会メンバーとして迎えることができた。

学部長、研究科長となると全学の会議にも出席するので、大学全体のあり方をめぐって学長と議論することが多く、私はM学長の教育重視の視点を一定程度評価しつつも、いくつかの点で学長と意見を異にすることがあった。二つだけ例を挙げると、前に触れた教員の教育実績を評価して、その結果を給与に反映させるようにしたいとの提案に対して、他の学部長が沈黙している中で、私は、世の中の流れがその方向に向かっていることは分かっているけれども、教育をどう評価するかは難問であり、今直ちに提案について賛否を申し上げることは控えたい。具体的制度が示された段階で私の態度を明らかにしたい旨発言したが、この件はそこで継続審議となり、結局その後私が辞めるまで、具体的制度が提案されることはなかった。もうひとつは、大学のグランドデザイン作りの過程で、研究と教育の関係をどう考えるかが問題となり、これについて学長が「本学は教育重視の大学だから、研究だけを評価する必要はない。研究の成果は教育に反映されるから、教育を評価すれば、研究も評価したことになる」という趣旨の発言をしたのに対して、私が「研究は大学の生命だからそれ自体を評価すべきである。学生は先生の研究内容とともに先生の研究に取り組む姿勢からも多くのことを学ぶのだから、教育を研究から切り離すべきではない」と反論した。

ここまで、M学長の教育重視の方針が、ともすれば研究軽視と受け取られかねない面があったが故に生じた学長の方針と私の意見との違いを強調する書き方をしてきたが、私は、M学長が強調した教育重視の方針そのものに反対したわけではない。私も、標準的教科書を使い、それぞれの専門分野について学会の通説となっている知識を学生に分かり易く教えることの必要性を痛感していた一人であった。しかし、それを現実に実践するのは必ずしも容易ではない。教員集団が全体として実践するためには、その集団の構成メンバーがお互いの研究・教育内容を十分に理解した上で、自分たちが教える学生のレベルに合った学部の科目構成と、その構成にフィットした各科目の教授内容を作り上げることが必要である。そのためには、教授会構成メンバーの相互理解にもとづくカリキュラムについての相互批判・討論が必要だったが、問題は、これらを欠いたまま、学長の一方的指示にもとづいて、この目標を実現しようとした学長のリーダーシップのあり方にあったのである。そして、学長のリーダーシップのあり方について、適切な助言ができなかったという点では、学長を補佐すべき立場にあった学部長としての私の力不足と責任は認めざるを得ない。

このように、教育重視のあまりに、ともすれば研究を軽視ないしは無視する学長の考え方に対し、しばしば苦言を呈してきたが、それでも私は学部長を四年、研究科長を八年（うち四年は学部長と兼務）、法人理事を七年つとめ、七八歳まで専任教授として東海学園に在籍した。それは、学長にとってうるさい存在であっても、私が大学の存続・発展にそれなりの貢献をしてきたと評価したからであろう。それとともに、今は学園における宗門の人たちの他者に対する寛容の精神がそれを許したのだろうと思っている。

上述のカリキュラム改革について言えば、これが経営学部の危機突破に決定的に重要な役割を果たしたことは確かだが、考えてみると、私は東海学園大学に来るまでの三四年半の大学教員生活の過半(二一年半)を学部教育に関係のない大学附置研究所で過ごしていたから、学部教育には縁遠い存在であった。しかし、幸いなことに、この大学に来る前に一〇年くらい当時の文部省の大学設置審議会や視学委員会の専門委員をしていて、大学教育の現場をみていたので、経営学関係の学部の教員やカリキュラムについて多くのことを学んでいた。そこで得た知識を総動員し、高校生の立場から大学のカリキュラムを見直して頭に浮かんだのが進路別コース制というアイデアだったのである。また、大学院設置に際しては、構想づくり、申請書の作成から人集めまで、お金集め以外の仕事を一人で行い（もちろん事務的サポートは受けたが）、コンサルタント料等の情報取集のコストは一銭もかけなかった。そして人集めについていえば、法政大学経営学部の同僚だった下川浩一、小池和男という有名教授をお招きすることに成功した。これらの好条件に恵まれて、私は、東海学園大学経営学部を定員割れ寸前の危機から脱出させることができたのである。

これらの好条件とともに、一〇〇年を超える歴史を閲《けみ》した東海学園という学校法人の力がこの危機突破に大きく利いていたことも見失ってはならない。東海高校、東海学園女子高校、東海学園女子短大OB、OGの母校愛は強く、その子弟が東海学園大学経営学部を受験し、入学してくれたことによって経営学部は受験生や入学者の数を増やすことができたのである。この力がなければ、これらの好条件があってもこのような結果は生まれなかったかもしれない。

最後に、東海学園時代の研究業績について簡単に触れておくと、この時代（一四年半に及ぶ）の大部分の期間に管理職をしており、加えて、毎週東京都町田市の自宅から名古屋市郊外の大学へ通っていたため、研究に費やす時間は限られていたが、それでもこの期間の研究成果として二冊の専門書を刊行することができた。

最初に出版したのが、当時大阪大学教授であった阿部武司氏との共著の『織物からアパレルへ―備後織物業と佐々木商店―』（大阪大学出版会　二〇一二）である。この本の執筆のきっかけは、私の学部・大学院時代からの友人である法政大学名誉教授の佐々木隆雄氏から、「自分の親戚が福山で織物の仕事をしており、その家の倉庫に大量の昔の帳簿が保管されているのだが、この帳簿類にどれだけの資料的価値があるかを判断してくれる人を探している。このまま廃棄するのは惜しいので、一度資料を見て、その価値を判断してくれないか」という相談を持ちかけられたことであった。産地織物業の資料は貴重なので、私はこの話に乗って、早速福山の産地問屋であった旧佐々木商店を引き継いで有限会社佐々木被服の社長をしておられた佐々木敦雄氏を訪ね、二日がかりで大量の帳簿類を中心とした資料を見せて頂いた。検討した結果、帳簿体系の中核である総勘定元帳が一冊もないので、経営の全体像をつかむことのできる資料を欠いているものの、織物の販売や綿糸や染料等の購入に関する帳簿が大量に残っており、加えて店主の手元にあったと思われる「雑記帳」も二、三冊あったので、第一級とはいえないまでも、その次くらいにランクされる資料が大量に残っており、その学問的価値は高いと判断できる旨を佐々木氏に伝えた。その上で、私がこの資料を分析・検討することをお許し頂けないかとお願いしたところ、佐々木氏がそれを快諾されたので、その時から私の備後織物業史研究は始まった。私にとっては、駆け出し時代の遠州、知多に連なる三番目の産地綿織物業史研究であった。そして、東大大学院時代に私が産地織物業史研究で指導した大阪大学教授の阿部武司氏の協力を得て、二人で一〇年以上かけて取り組んだ作業の成果がこの本である。ここで私は佐々木商店の分析を担当し、以下のことを明らかにした。明治期からの備後産地の特産品である農村向けの作業着や日常着を店員の行商を通じて地方に売り歩く商売が第一次大戦後には市場の限界にぶつかり、これを打破するために、佐々木商店は洋反物や広幅織物の取引を始め、昭和に入ってからは家庭内織を利用した縫製品も扱うようになり、一九三七年以降戦時統制が強化され、企業整備によって商店の存在自体が否定される過程では、一九三九年に自ら縫製工場の経営に乗り出し、一九四二年には四人の同業者と共同して、備後第十二被服有限会社を設立して広島陸軍被服廠の外業部の一角を担った。それとともに、佐々木家の当主佐々木義一は、地元におけるふたつの繊維関係の戦時統制機関の社長や管理者に就任して、地方名望家としての所得と地位を確保することに成功した。この戦時期における縫製工場経営の経験が、第二次大戦後における備後産地の縫製業の発展に対応した佐々木家の事業展開の基礎となったのである。

次いで二番目に刊行したのが『豊田家紡織事業の経営史―紡織から紡織機、そして自動車へ―』(文眞堂　二〇一五)である。この書名から明らかなように、本書は、綿紡織業から綿紡織機製造業、そして自動車工業へと発展した豊田家の事業の実態を実証的に解明したものであるが、その狙いについて私は「はじめに」で次のように述べている。

「小学校しか出ていない、半農半工の大工の長男であった豊田佐吉が、後を継いで欲しいと願っていた父親の期待に反して織機の発明を志し、苦労の末に中堅紡績会社の主となり、日本一の『織機王』となるまでの成功物語については多数の著作があり、また、佐吉の長男喜一郎が、父が築いた事業を基礎に新興の自動車産業に果敢に進出して、現在のトヨタ自動車工業(株)の基礎を築くことに成功した物語についてもいくつかの学問的著作を含む作品がある。しかし、佐吉やその二人の弟、平吉と佐助、そして佐吉の後継者である利三郎と喜一郎、総じて豊田ファミリーの人びとが、昭和の初期には中京五大財閥のひとつに数えられるようになる巨大な富を築き、それをもたらした多額の所得を形成することができたプロセスを確かな資料にもとづいて解明した研究は今のところ皆無である。また、ファミリーに高所得をもたらした豊田家の事業についても、各社の社史はあるものの、その歴史を学問的に解明した著作は少なく、まして、上述のファミリーの高所得形成プロセスと関連させてその事業の全体像を提示する作業はいまだ行われていない。

このような状況を踏まえて、本書は、第二次大戦前における豊田ファミリーの所得の形成過程と豊田家の中核的事業の経営史を、基本的には公刊されている資料と書籍を吟味することによって、できる限り具体的・実証的に解明することを目指している。研究が進むにつれて、一次資料の発掘に力が注がれ、研究の資料第一主義、研究のトリビュアリズム、問題意識の希薄化の弊害が指摘される中で、公刊されている資料を吟味して、新たな事実を発見し、それにもとづいて重要な課題に挑戦することの意義を、ひとりでも多くの読者に認めて頂ければ幸いである。」

X　おわりに

以上述べてきた私の人生、特に高校・大学生時代の七年間と、大学院を出て大学教員になってからの四九年間の人生を通じて、私の行動を律してきた原則は、自立と連帯の追求だったと思う。高校生から大学二年生の頃までは、子供の行動を自分の価値観で制約しようとした父親からの自立を求めて苦悩し、大学生になってからは、学生運動に参加しながら、その中で自己の主体性の確立を求めて苦闘した。大学院生や研究者になってからの研究が研究者として自立すべく先人の業績に新しい成果を積み上げていく過程であったことはいうまでもない。また、東大社研の所長に就任する二年前から始まった東大の大学院重点化の動きに対応する過程では、国際日本社会をキーワードとした大学院独立専攻・研究センター設置構想を推進したが、これは、新しい大学再編成の動きに対応して研究所が生き残り＝自立するために考え出した苦心のアイデアであった。さらに、東海学園時代には、教育重視という大義名分のもとに研究を軽視しがちな大学の方針に対して、大学の生命は研究と教育が一体であることにあると主張し続けたのも、自立した研究者が教育を担う所に大学の生命があるとする信念があったからである。

一方連帯は、高校、大学時代を通じ仲間との連帯、より広く言えば人びととの連帯を求めて、生徒会や学生自治会の活動に熱心に参加し、大学教員になってからは、教授会自治の担い手である同僚教員との連帯を大切にするという観点から学長独裁（神奈川大学）、や学長独走（東海学園大学）に抵抗し、大学紛争時代には、大学解体に走った全共闘学生運動に対して教授会の防波堤となる役割を果たした。

そして、自立と連帯の関係について、私は、自立した人間同士の連帯があるべき社会の原理だと考えている。ものごとを主体性を持って自立的に考えることのできる人間同志の連帯した行動こそが社会を理想に近いものに変える力となると信じるからである。

最後に、私がここまで歩んでこれたのは、もちろん私個人の力のみによるものではない。多くの優れた友人、先輩、先生との出会いがあったからである。修猷館時代の先生方は、折に触れて励ましのことばを掛けてくださり、それがどれだけ失意の時代の私を前に進ませる力になったことか、修猷館時代からの友人、特に佐伯康治、柴垣和夫両君は、高校、大学時代はもちろん、社会人になってからも時に応じて私に適切な励ましと刺激を与えてくれた。また福田純也君は、高校二年まで五年間勉強の上で私が追いつくべき目標として存在し、高校三年になってからは日比谷高校生として東大受験に必要な情報を私たちに提供してくれた。これなしには、私の現役での合格はあり得なかっただろう。

経済学部のゼミの指導教官だった大内先生には、学問の楽しさと厳しさ、そして学問することを通じて人間が鍛えられること、大学にとって研究が生命であることを徹底的に教えられた。神奈川大学の石崎昭彦氏には、同大学への就職に際して私を有力教授に紹介してくださり、アメリカにおける産業研究の状況等をご教示頂いた。農業問題から中小企業・産業研究に研究分野を転換しつつあった私にとっては大切な先生であった。それればかりか、同僚となった馬場宏二氏を加えて三人で学長独裁に批判的な「三人組」の柱としての役割も果たして頂いた。法政大学では、森川英正氏に大変お世話になった。中小企業・産業史研究に重点を置きつつあった私を経営史研究の世界に導いて頂き、学会活動に全く関心のなかった私が経営史学会という組織に出会ったのも氏のおかげであった。そして、法政大学は、私が小池和男、下川浩一両氏と出会った場所でもあった。この縁のおかげで、私はこのおふたりを東海学園大学にお迎えすることができたのである。

東大社研では、何と言っても大内ゼミの四年先輩であった戸原四郎氏のご指導を忘れることができない。戸原氏には、学問上の指導に加えて、氏が社研所長を務めておられた時期に交わした会話を通じて、私は社研所長のあり方について多くのことを学び、私が所長をつとめるようになった時に、それが、私の行動の指針となった。また、奥様のつね子様には妻孝子ともどもお世話になった。大内ゼミでは、暉峻衆三、斉藤仁、故日高晋、故大谷瑞郎という先輩の方々の研究者志望の後輩に対する温かいまなざしも忘れられない。また、一―二年先輩の佐伯尚美、林健久両氏には、実証研究の方法や学術論文の書き方について多くのことを学ばせて頂いた。大内ゼミ同期で共に大学院に進学して研究者を志した川上忠雄、柴垣和夫、故玉田美治、故志村嘉一の各氏とは学生時代から共に励まし合って厳しい修業時代を過ごしてきた。この仲間がいなければ、私が大学院に進学し、研究者への道を歩み続けることはできなかっただろう。その友情に心から感謝したい。社研時代には、高校時代からの友人柴垣和夫氏とともに、今は故人となった加藤栄一、馬場宏二両氏が同世代の古くからの友人として、強い学問的刺激や学内・所内の行政について適切な示唆を与えてくれたことも忘れられない。

東海学園時代には、法政大学からお招きした下川浩一氏から、私が不案内な経営学の世界の学界動向や人物像について多くのことを教えて頂いた。

これら多くの人たちとの出会いとこれらの人たちのご支援がなければ、私がここまで歩んで来ることはできなかっただろう。この幸運に感謝しつつ、これらのご支援に対し、心からお礼を申し上げたい。自立と連帯の追求、そしてひととの出会いを大切に思う心が私をここまで運んでくれたと考えている。

西暦	略年譜		大学・社会のできごと	
1954	4月	東京大学経済学部進学 大内演習に参加		
1955			7月29日 10月13日 11月15日	日本共産党第6回全国協議会 社会党統一 自由民主党結成
1956	3月 4月	東京大学経済学部卒業 農林中央金庫へ就職	2月24日	ソ連共産党第20回大会 スターリン批判
1957			2月25日	岸内閣成立
1958	2月 4月	農林中央金庫退職 東京大学大学院社会科学研究科応用経済学専門課程入学		
1960	3月 4月	東京大学大学院修士課程修了 東京大学大学院博士課程へ進学	5月20日 6月15日 6月19日 12月27日	新安保条約強行採決 国会デモで東大生樺美智子死亡 新安保条約自然承認 池田内閣、所得倍増計画決定
1963	3月 4月	東京大学大学院単位取得退学 神奈川大学法経学部専任講師(中小企業論)		
1966	4月	神奈川大学経済学部助教授(中小企業論)		
1967	4月	法政大学経営学部助教授(中小企業論)		
1968			1月19日 3月11日 5月27日 6月15日 6月17日 11月 1日 11月 4日	米原子力空母エンタープライズ佐世保入港 東大医学部学生処分 日大全共闘結成 東大全学闘安田講堂占拠 機動隊突入 大河内総長辞任 加藤法学部長総長代行に就任
1969			1月10日 1月14日 1月16日 1月18～19日 1月20日 5月 8月 3日	7学部集会、10項目確認書 工学部スト解除、安田講堂城砦化始まる 総長代行警察力出動を要請 機動隊導入、封鎖解除 評議会、入試決定するも政府拒否 全学部で授業再開 大学運営に関する臨時措置法制定
1970			3月	経済大学院入試に院生の抗議 厳戒体制下に入試実施

山崎広明略年譜

西暦	略年譜	大学・社会のできごと
1931		9月18日　満州事変始まる
1932		5月15日　5.15事件
1934	1月　3日　福岡市上呉服町で生まれる	
1936		2月26日　2.26事件
1937		7月　7日　日中戦争始まる
1938		2月　1日　大内兵衛・有沢広巳・脇村義太郎・美濃部亮吉ら教授グループなど労農派検挙（人民戦線第二次検挙）
1940	4月　福岡市立奈良屋小学校入学	
1941		12月　8日　太平洋戦争始まる
1942		6月　5〜7日　ミッドウェー海戦（戦局の転機）
1943		2 月1 日　日本軍ガダルカナル島撤退開始
1944	4月　草ヶ江小学校へ転校	7月21日　米軍グアム島に上陸 10月24日　レイテ沖海戦
1945		3月　9〜10日　東京大空襲 4月　1日　米軍沖縄本島に上陸 8月　8日　ソ連対日宣戦布告 8月15日　ポツダム宣言受諾、敗戦 11月　4日　東京帝国大学経済学部教授会、橋爪明男、難波田春夫らの退職と矢内原忠雄、大内兵衛、山田盛太郎ら6人の復職決定
1946	3月　福岡市立草ヶ江小学校卒業 4月　福岡県立中学修猷館入学	8月24日　社会科学研究所、東京帝国大学に附置 11月　3日　日本国憲法公布
1947		1月31日　マッカーサー、2.1スト中止を指令
1949	3月　福岡県立修猷館高等学校併置中学校卒業 4月　福岡県立修猷館高等学校進学	
1950		6月25日　朝鮮戦争始まる 7月24日　レッドパージ始まる 8月10日　警察予備隊創設
1951		9月　8日　対日平和条約・日米安全保障条約調印（1952年4月28日発効）
1952	3月　福岡県立修猷館高等学校卒業 4月　東京大学文科一類入学	5月　1日　メーデー事件 7月　4日　破壊活動防止法成立
1953		4月　1日　東京大学大学院（新制）発足

西暦	略年譜		大学・社会のできごと	
1971	10月	東京大学社会科学研究助教授（本邦工業）		
1972	11月16日	大学院経済学研究科委員（1973年12月1日まで）	11月10日	経済系大学院自治会無期限ストに入り、経済学部研究室を封鎖
1973			3月 6日	経済系大学院自治会 スト封鎖を解く
1975	4月	東京大学社会科学研究所教授に昇任（本邦工業）		
1989			11月 9〜10日	ベルリンの壁崩壊
1990			10月 3日	ドイツ国家統一
1991			4月 1日 12月11日 12月26日 12月30日	法学部、大学院法学政治学研究科に改組（大学院重点化※） マーストリヒト条約調印 欧州連合創設 ソ連邦消滅 独立国家共同体活動開始
1992	4月	社会科学研究所長に就任（1994年3月まで）		
1993			8月 9日	細川連立内閣発足
1994	3月 4月	停年退官 埼玉大学経済学部教授	6月30日	自・社・さきがけ連立による村山内閣発足
1997	9月 10月	埼玉大学経済学部教授退任 東海学園大学経営学部教授		
1998	4月	東海学園大学図書館長（2000年3月まで）		
2000	4月 5月31日	東海学園大学経営学部長・大学院経営学研究科長 東海学園理事（2008年5月31日まで）		
2004	4月	東海学園大学大学院経営学科研究科長		
2009	4月	東海学園大学大学院経営学研究科特任教授		
2012	3月 11月	東海学園大学大学院退転 生存者叙勲で瑞宝中綬章受賞		

※〈大学院重点化の推移〉

大学院重点化については、東京大学が先陣を切り、1991年に法学政治学研究科、1992年に京都大学法学研究科、1993年に北海道大学理学研究科がそれぞれ重点化を行った。その後、旧帝国大学などが相次いでこれに従い、2000年度までに北海道大学、東北大学、東京大学、一橋大学、東京工業大学、名古屋大学、京都大学、大阪大学、九州大学の9大学で全部局の重点化が完了した。（「大学院の重点化 12校で打ち切り」中日新聞、2000年1月29日）

あとがき

私は二〇一二年三月に東海学園大学を退職して、四九年間の大学教員生活に終止符を打った。本書は、この四九年間に私の生い立ちと、大学院に至るまでの学生生活から成る二九年を加えた、七八年に及ぶ私の生涯をできるだけ正直に振り返ったささやかな自分史である。

気が付いてみると、私は、これまでに何回か自分の歩みを回顧する機会を与えられていた。ひとつは、一九九四年三月に東京大学社会科学研究所を退職する際に、故橋本寿朗氏（当時同研究所の教授だった）が、東京大学大学院経済学研究科で私の演習に参加していた諸兄姉に呼びかけて開いてくれた私の研究史を回顧する座談会であり、もうひとつは、二〇一三年二月に経営史学会の創立五〇周年記念事業の一環として、当時大阪大学にいた阿部武司氏がお弟子さんの秀明大学助教の結城武延氏と一緒に設けてくれた経営史学との関連でみた私の研究史を聴く会である。さらに一九九六年五月に東京大学社会科学研究所が開所五〇周年を記念して開いた元所長座談会も、私の所長時代の足跡を振り返る機会となった。また、東海学園大学を辞める時には、親しくしていた同大学人文学部教授の片桐茂博氏と経営学部准教授の上岡一史氏に同大学での私の経験談を聞いてもらった。このほか神奈川大学やベルリン自由大学東アジア研究所についてもその「思い出」や印象を記した小文を認めていた。そこで、これらを集め、それではカバーできない部分について新しく書きおろした文章を加えた上で全体を調整すれば「自分史」として一応の体裁を整えることができるのではないかと思われたので、(株)悠光堂代表取締役の佐藤裕介氏と相談の上、同氏と同社編集部遠藤由子さんの助けを得て、本書のようなかたちで一経済学徒の歩みを記した本を出版することができるようになった。

本書は、平凡な一人の学徒の主観的回顧説でしかないが、私の歩みには多くの経済学徒のそれとはいささか異なった特徴があるように思われる。私は、学生時代に学生運動を経験し、大学卒業後約二年間のサラリーマン生活を経て大学院に進学した。このように学生運動とサラリーマン生活を経験した大学教員は少ないのではないだろうか。そして、大学教員としてのキャリアも多彩であった。今振り返ると、経験した職場は、旧帝大系の国立大学(東大)、新制の地方国立大学(埼玉大)、東京六大学の一角を占める有力私立大学(法政大)、戦前の旧制専門学校の流れをくむ中堅私立大学(神奈川大)、新設の地方小規模私立大学(東海学園大)と多彩であった。そして、このうち東京大学と東海学園大学では管理職を経験していた。

また私の専門分野も、担当科目でいえば、農業問題―中小企業論―産業史―経営史・社会保障論と変転しており、その点でも研究者としては異例であった。

このようにやや異例の道を歩んできた研究者が、その時々に何を考え、どのように行動してきたかを記録しておくことには一定の意味があるのではないかと考え、本書を出版することにした次第である。

本書の出版については、(株)悠光堂の佐藤さんと遠藤さんに行き届いた配慮を賜わった。心からお礼を申し上げたい。そして最後に、私事にわたるが、結婚以来五五年にわたり研究中心で家庭を省りみることの少なかった私と、ここまで行を共にしてくれた妻孝子に感謝のことばを捧げることをお許し願いたい。

著者紹介

山崎　広明（やまざき　ひろあき）

1934年1月　福岡市に生まれる
1956年　東京大学経済学部卒、農林中央金庫に勤務後、大学院に進学
1963年　東京大学大学院社会科学研究科応用経済学専門課程単位取得退学
その後、神奈川大学、法政大学、東京大学社会科学研究所、埼玉大学、東海学園大学に勤務
現在　東京大学・東海学園大学名誉教授

自立と連帯を求めて
―ある経済学徒の歩み―

2016年8月31日　初版第一刷発行

著　者　山崎 広明
発行人　佐藤 裕介
編集人　遠藤 由子
発行所　株式会社 悠光堂
〒104-0045 東京都中央区築地6-4-5
シティスクエア築地1103
電話：03-6264-0523　FAX：03-6264-0524
http://youkoodoo.co.jp/
デザイン　彩小路 澄美花
印刷・製本　日本ハイコム株式会社

ISBN978-4-906873-55-5　C0095